Reiner Jungnitsch

Glaubens-Gerede

Reiner Jungnitsch

Glaubens-Gerede

Religionspädagogische Splitter

BOD Norderstedt

Bibliografische Information der Deutschen Nationalbibliothek:
Die Deutsche Nationalbibliothek verzeichnet diese Publikation
in der Deutschen Nationalbibliografie; detaillierte bibliografische
Daten sind im Internet über http://dnb.dnb.de/ abrufbar.

Umschlagfoto: https://pixabay.com/de/

Den Kollegen und Kolleginnen
der Berufsschul-AG in Darmstadt

Herstellung und Verlag:
BoD – Books on Demand, Norderstedt

ISBN 9783753417400

Inhalt

Ein Wort zuvor

Religion zu unterrichten, also den christlichen Glauben zu vermitteln, war noch nie ein problemloses Unterfangen. Das schulische Unterrichtsfach scheint zwar durch das Grundgesetz (Artikel 7) und die meisten deutschen Länderverfassungen formal gesichert zu sein, doch die gesellschaftlichen Veränderungen hinsichtlich einer kirchlichen Bindung der meisten Bundesbürger spricht eine andere Sprache. Statistische Erhebungen weisen die Konfessionslosen als stärkste „Bekenntnis"-Gruppe aus. Die Kirchenaustritte mehren sich und die religiöse Orientierung vieler Menschen entspricht schon lange nicht mehr den traditionellen Inhalten der christlichen Überlieferung. Die weithin theologisch-abstrakte Sprache der bisherigen Glaubensvermittlung wird insbesondere von jungen Menschen als realitätsfern und blutleer empfunden. Von der Frohen Botschaft des Evangeliums zu erzählen, über Gott und Jesus zu reden erweist sich seit Jahrzehnten als ungleich schwieriger als zu früheren Zeiten. Eine sogenannte „religiöse Sozialisation" im familiären Umfeld findet faktisch nicht mehr statt. Ein grundlegendes Allgemeinwissen über die Bibel, über kirchliche Feste, Begriffe der theologischen Tradition usw. ist bestenfalls noch sporadisch vorhanden. Wie viele Jugendliche sind noch spontan in der Lage, zum Beispiel etwas über die Bergpredigt, die Gleichnisse Jesu, die Botschaft der Wundererzählungen, die Schöpfungsgeschichten sachgerecht zu erklären?

Wie sollten sie auch, wenn der gesamte Themenbereich Religion ihnen derart fremd und unverständlich erscheint, dass folglich auch keinerlei Motivation aufzubringen sich lohnt, weil es doch offenbar mit ihrem aktuellen Leben, mit ihren realen Alltagssorgen, ihren Wünschen, Hoffnungen und Sehnsüchten in keiner Verbindung steht. Warum sich also damit beschäftigen, wenn man mit anderen und handfesteren Problemen der täglichen Lebensbewältigung hinreichend ausgelastet ist?

Was aber wäre, wenn sie entdecken könnten, dass die Anliegen der Religion, dass die Geschichten der Bibel, die Worte und Taten von Jesus ihrem eigenen Leben gar nicht so fernstehen wie gedacht, dass sie selber mit ihren Fragen und Nöten darin vorkämen, ihnen sogar Perspektiven für ein anderes und besseres Leben vorgestellt würden?

Das war und ist das Grundprogramm aller religiösen Unterweisung. Sie gestaltet sich jedoch umso schwieriger in einem gesellschaftlichen Kontext kirchlich-religiöser Fremdheit und Distanz. Immer wieder nach einer neuen Sprache zu suchen, nach trefflichen Beispielen und Ansatzpunkten in der Lebensrealität ist das permanente Bemühen von Religionslehrkräften und Katecheten, die wohl glücklich wären, würde es ihnen wenigstens gelegentlich gelingen, wie Jesus selbst in einfachen Worten und Vergleichen die Zuhörer zu fesseln, ihnen etwas vor Augen zu führen, das in ihre Seele dringt und in ihrem Leben eine heilsame Veränderung in Gang setzt, ihnen letztlich Gott näherbringt.

In den realen Bedingungen des Religionsunterrichtes geben wir uns meist mit kleineren Brötchen zufrieden, sind schon froh, auf eine gewisse Neugier und Offenheit zu stoßen, die es möglich macht, die ernstgemeinten Fragen der jungen Leute aufzugreifen und bestmöglich zu beantworten.

Wenn sich ihnen dadurch ansatzweise eine Sicht auf Glaube und Religion erschließt, die Appetit auf ein Mehr, auf weiteres Fragen und gemeinsames Erkunden wachsen lässt, ist oft schon viel gewonnen.

Die folgenden Seiten führen durch ein paar religionspädagogische Reflexionen über den Religionsunterricht und die Problematik der Glaubensvermittlung. Sie wurden formuliert auf dem Hintergrund meiner jahrzehntelangen Tätigkeit als Religionslehrer in einer beruflichen Schule. Die Beiträge sind über viele Jahre verstreut erschienen, haben aber meines Erachtens an Aktualität nichts eingebüßt.

Danach möchte ich mit ein paar Beispielen zeigen, wie das Hinführen und Erklären vielleicht gelingen kann. Es sind Auszüge aus meinen Büchern, in denen ich diesen Versuch unternommen habe und die auf ein positives Echo gestoßen sind.

Möge also auch dieser kleine Band eine hilfreiche Unterstützung bilden in den Händen derer, die sich täglich der herausfordernden Aufgabe stellen, den Glauben als nachhaltige Lebenshilfe zu vermitteln.

Reiner Jungnitsch

Erster Teil:
Religionsunterricht – ein spezielles Fach

1. Der gesellschaftliche Kontext

Der Religionsunterricht der Gegenwart ereignet sich in einer radikal veränderten Situation. Gehörte noch vor wenigen Jahrzehnten der größte Teil der Bevölkerung zu einer der beiden Großkirchen, was sich formal in der konfessionellen Verteilung der Schülerschaft spiegelte. Inzwischen haben sich die Verhältnisse deutlich gewandelt, was ein kleiner statistischer Vergleich offenbart:

Religionszugehörigkeiten in Deutschland	1970	2010	2019
Evangelisch	49 %	29,4 %	24,9 %
Katholisch	44,6 %	29,4 %	27,1 %
Muslimisch	1,3 %	4,6 %	5,2 %
And. Religionsgemeinschaften	1,2 %	1,8 %	4,0 %
Konfessionslos	3,9 %	34,8 %	38,8 %

Quellen: Frank Th. Brinkmann, Religionspädagogik, Kohlhammer, Stuttgart 2013, 147;
https://fowid.de/meldung/religionszugehoerigkeiten-2019

Die konfessionelle Bindung der meisten Bundesbürger ist dramatisch geschrumpft. Die inzwischen größte Gruppe bilden die Konfessionslosen. Es dürfte auch keine allzu gewagte These sein, dass sich dieser Trend weiter fortsetzen wird. Was bedeutet das für Theorie und Praxis des Religionsunterrichtes?

Den Kirchen hat die veränderte Lage derweil eine neue Rahmenbeschreibung für dieses Fach aufgezwungen. Bildete früher eher die abgrenzende konfessionelle Orientierung das zentrale Profil des evangelischen bzw. katholischen Religionsunterrichtes, so stellt man aktuell von beiden Seiten konfessionell-kooperative Formen in den Vordergrund. Angesichts von immer mehr ungetauften oder fremdreligiösen Kindern und Jugendlichen ist dies zumindest ein Schritt in die richtige Richtung.

Die schulische Praxis erzwingt zudem auch vermehrt unterrichtliche Regelungen, die keine konfessionelle Trennung der Schülerschaft einer Klasse mehr kennt oder zulässt. Ein gutes Beispiel dafür sind die beruflichen Schulen. Der Religionsunterricht wird hier in der Regel im Klassenverband erteilt, d. h. der Lehrkraft sitzen faktisch Jugendliche der unterschiedlichsten Religionen und Konfessionen gegenüber – ebenso wie die stark gewachsene Gruppe derer, die keinerlei Bezug zu irgendeiner religiösen Tradition aufweisen. Aber selbst bei den vermeintlich christlichen Schülern kann schon lange keine nachhaltige religiöse Sozialisation mehr vorausgesetzt werden. Drastisch ausgedrückt: Ein religiöser Analphabetismus bestimmt weithin die Szene. Das bleibt nicht ohne Folgen für das Selbstverständnis und vor allem für die unterrichtliche Gestaltung des Faches. Wie lässt sich in diesem Kontext angemessen über die Themen der Religion reden?

Auszug aus: R. Jungnitsch: Sie wollen also Religion unterrichten?!, Norderstedt 2018, 23f (aktualisiert)

2. Religionslehrer/in sein - Ein unmöglicher Job?

Ein unmöglicher Job - wer empfindet das eigentlich so? Wer redet denn so über die Religionslehrkräfte und den Religionsunterricht - teils ernsthaft, teils humorvoll, teils nachsichtig oder fast bemitleidend?

Manchmal sind das meine Kollegen in der Schule.

Da bin ich gelegentlich von einem Schwarm von selbsternannten Humanisten oder gar Atheisten umgeben, die mich als Person und Lehrer zwar respektieren, aber von meinem Fach nicht allzuviel halten.

Halbernst fällt dann schon mal ein Stichwort wie „Wanderprediger" oder „Himmelskomiker". (Als Physiklehrer, Mathematiker oder Wirtschaftler hat man es im Unterricht ja schließlich mit klaren Sachverhalten zu tun, mit anerkanntem Wissens-Stoff, den die Schüler auch weithin akzeptieren.)

Nur mit „Reli" ist das eine ziemlich dubiose Sache. Religion ist doch schließlich Ansichts-Sache. Und da darf ja jeder wie er will. Und weil das doch offenbar Privatsache ist, habe dieses Fach in der öffentlichen Schule eigentlich gar nichts verloren. Und in der Berufsschule sowieso nicht: Da gehe es um die berufliche Qualifizierung, um Betriebswirtschaft, EDV-Kenntnisse, Fertigkeiten an der Drehbank und andere wirklich nützliche Kenntnisse ...

Beten könne man ja auch daheim oder in der Kirche ... usw. usw.

Die Betriebe unserer Auszubildenden sehen das oft ähnlich: Religion in der Schule ist nutzlos und überflüssig. Die Jugendlichen sollen dort etwas Anständiges lernen - womit man was anfangen kann! Und viele Schüler stoßen ja ins gleiche Horn.

Da kann einem dann schon Hören und Sehen vergehen. Wirklich ein unmöglicher Job.

Ja, und überhaupt die Schüler!

Also die, die ich kenne, sind größtenteils religiöse Analphabeten. Firmung oder Konfirmation hat die Mehrheit ja noch mitgemacht - wegen lockender Geschenke. Von Glaube, Bibel und erst recht der Kirche halten sie nicht viel, oder distanzieren sich selbstbewusst.

Das sei doch alles ziemlich unglaubwürdig, widersprüchlich oder unverständlich. Wie könne einer heutzutage noch an Adam und Eva glauben, wo das doch mit der Evolution und dem Urknall längst wissenschaftlich geklärt sei.

Und was solle man schon mit so komischen Geschichten, dass Jesus (!) da irgendwo das Meer geteilt habe, dass seine Mutter ohne Sex schwanger geworden sei oder dass Gott auf einem Berg Steintafeln mit den 10 Geboten beschrieben habe ... usw. usw.

Wie man als wissenschaftlich aufgeklärter Mensch an so antiquierte Sachen noch glauben könne, bleibt ihnen ein echtes Mysterium.

Außerdem: glaubhaft sei letztlich nur, was man sehen und anfassen kann.

Und mit dem Tod sei sowieso alles aus. Jenseits des Friedhofs gebe es nun mal nichts mehr!

Man solle doch realistisch bleiben ...

Und diesen „religiös unmusikalischen" Sprösslingen soll ich nun etwas von der „guten Nachricht" erzählen, dass Gott die Menschen liebe, dass Jesus für unsere Sünden gestorben sei, dass die Kirche ein Heilszeichen sei, man in den Sakramenten Gott begegnen könne usw. usw.

Da kann man sich schon mal die Haare raufen - wenn noch genügend davon vorhanden sind. Wirklich ein unmöglicher Job!

Und diesen Job vollbringe ich zudem ganz offiziell und bewusst im Auftrag der Kirche!

Da drängeln sich dann weitere Fragezeichen in meinem Kopf: Wie „kirchlich" soll – kann – darf – das eigentlich sein, was ich den Schülern vortrage?

Bin ich mehr dem Lehramt und der Tradition verpflichtet - oder meinen Schülern, die vielfach keinen Bezug mehr zur Kirche haben und in ihrer Kritik an der Erscheinung der Kirche nicht gerade zimperlich sind.

Wenn der Papst oder ein Bischof mal wieder gegen Kondome und Abtreibung wettert, Holocaustleugner in die Kirche zurückgeholt werden oder ein Kirchenfürst einem Diktator freundlich die Hand schüttelt. Oder wenn mal wieder ein priesterlicher Kindesmissbrauch Schlagzeilen macht usw. usw.

Da ist es nicht immer leicht, sich als Vertreter dieser Institution vor die jungen Leute zu stellen, wenn ständig negative Nachrichten mir die guten pädagogischen Absichten verhageln.

Natürlich kann ich für mich ein paar Unterscheidungen machen. Aber in den Schülerköpfen die nötigen Differenzierungen zu erreichen kommt mir dann vor wie Don Quichottes Kampf mit den Windmühlen.

Wie komme ich trotzdem immer wieder zum Wesentlichen?

Ja, und was ist am Ende das eigentlich Christliche?

Wenn ich das für mich versuche zu buchstabieren, bin ich mir nicht mehr so sicher, dass mein Bischof das auch so sieht! - Wie weit darf hier eine Differenz gehen?

Was erwartet man also kirchlicherseits von mir?

Was darf die Kirche - angesichts gesellschaftlicher und schulischer Gegebenheiten - von einem Religionslehrer, einer Religionslehrerin konkret und realitätsnah erwarten? -- Und was darf ich von meiner Kirche erwarten?

Welche Erwartungen bin ich bereit zu akzeptieren und zu erfüllen?

Was erwarte ich selber von mir und meinem Unterricht?

Was erwarten die Schüler, die Schule, die Eltern?

Wie „fromm" darf oder muss eine Lehrkraft für Religion demnach sein - gerade in der Berufsschule?

Fragen über Fragen, auf die ich nicht gleich eine formelhafte Antwort bereit habe. Manches davon kann ich mit meinen Kollegen klären, manches lässt sich nüchtern sachlich klären, manches verlangt eine Menge an Zeit, Nachdenken und Erfahrung.

Und manches lasse ich auch einfach mal beiseite - oder nehme es mit Humor, denn in meiner „Firma", der Kirche, menschelt es doch allzu sehr.

Und schließlich soll aus der Sache des Glaubens – und auch aus dem RU – kein belastender

Krampf werden…

Aber mal ganz ernsthaft und sachlich:

Was wir da tun - oder wenigstens versuchen – ist in mehrfacher Hinsicht „unmöglich":

Wir versuchen Schülern etwas beizubringen. Das ist als Bemühen schon ziemlich zweifelhaft. Was heißt da beibringen, unterrichten, lehren? Die neue Lernforschung und Didaktik sagt da ganz ernüchternd: Bildet euch nicht ein, ihr könntet den Schülern etwas beibringen. Jedenfalls nicht im Sinne des Umfüllens von Wissen aus einem Kopf in einen anderen.

Wir haben inzwischen verstanden - aus Psychologie und Philosophie - dass jeder Lernende sich das Entscheidende bestenfalls *selber* aneignet. Und zwar nach je eigenem Maß und auf eigene Art. (Das wusste übrigens auch schon Kirchenvater Thomas von Aquin im 13. Jahrhundert!).

Mit der Objektivität des Lehrens und Lernens ist es also nicht weit hin. Jeder Mensch sieht nicht nur die Welt auf seine Weise, jeder *konstruiert* seine Welt im eigenen Kopf auch höchst kreativ mit. Das ist die Einsicht des sogenannten Konstruktivismus, der in einer gemäßigten Form auch in die Religionspädagogik Einzug gehalten hat.

Was da also wirklich „läuft" im Unterricht, ist letztlich gar nicht so einfach zu beschreiben - und auch nur in begrenztem Rahmen im Vorhinein planbar. - Das ist für die Seminarleiter in der Ausbildung natürlich schon ein „Stachel" im pädagogischen Fleisch, und die Referendare bringt das gelegentlich noch mehr an den Rand der Verzweiflung bei der Unterrichtsvorbereitung. Fazit: Es ist fraglich, ob wir unseren Schülern je etwas „beigebracht" haben. Jedenfalls im klassischen Sinne.

Was in den Köpfen unserer Schüler passiert, erfahren wir nicht wirklich. Und niemand sollte glauben, dass man bei einer Klausur die Substanz von faktisch Gelerntem dargeboten bekäme. Operationalisiertes Wissen, gewisse Faktenkenntnisse und evtl. auch Ansätze von Transfer-Leistungen.

Aber all diese Ergebnisse aufwendiger schulischer Arbeit bleiben am Ende doch recht äußerlich und formal. Was erreichen wir also mit unserer Arbeit?

Böse Zungen haben schon immer behauptet, „Bildung" sei das, was übrigbleibt, wenn man alles andere vergessen habe ...

Und für uns als Religionspädagogen gilt das vermutlich in einem verschärften Sinne. Vielleicht vermitteln wir letztlich mehr so etwas wie Ahnungen und diffuse Gesamteindrücke zur Sache.

Auf jeden Fall vermitteln wir uns selbst als Botschafter und Menschen.

Womit schon ein zweiter Punkt berührt ist: Wir unterrichten „*Religion*".

Wenn ich einem Fremden sage, dass ich Religionslehrer bin, dann begegnet mir bei manchen Zeitgenossen ein vieldeutiger Gesichtsausdruck, der zu sagen scheint: „Sie sehen gar nicht danach aus!" - Wie bitte sieht denn ein typischer Religionslehrer aus? oder „Oh, das ist sicher ein schwieriges Fach!" - Da bin ich fast in der Versuchung, mich verstanden zu fühlen.

Oder meine projizierende Phantasie liest aus den spontanen Stirnfalten des Gegenübers etwa die Bemerkung „Ach ja, das erklärt so manches ..." - Was auch immer da angedeutet sein mag.

In der Regel bemühe ich mich dann, den gespeicherten Vorurteilen und Erwartungen *nicht* zu entsprechen.

Vielleicht bewegt sich dadurch etwas ...

Egal, welche Reaktion mir da entgegenschlägt, der eigentliche Knackpunkt ist immer die Frage, was im Kopf des Anderen vorgeht, wenn das Wort „Religion" gefallen ist. Was verbindet er damit? Welche Erfahrungen hat er gemacht, die seinen Standpunkt prägten? Welche Bedeutung hat die Sache für ihn?

Meine Erfahrung hat mich gelehrt, so gut wie nichts mehr als selbstverständlich vorauszusetzen, wenigstens wenn es um Stichworte wie Religion, Glaube, Gott usw. geht.

19

Erst das weitere Gespräch bringt etwas Licht ins begriffliche Dunkel. Das ist bei meinen Schülern nicht anders als bei etwas erwachseneren Zeitgenossen.

Und *wir unterrichten* „Religion" - jeden Tag, als wäre das ein Gegenstand des Lehrens und des Lernens wie in den anderen Fächern des Schulprogramms. Aber auch das ist ein Irrtum. Wir können den jungen Leuten überhaupt keine Religion rüberbringen, so als sei das etwas, was ihnen bislang – wenigstens in der richtigen Form und Klarheit – gefehlt habe. Wie alle anderen Menschen haben sie schon immer irgendeine Form von Religion, meist jenseits der herkömmlichen christlich-kirchlichen Muster, die man bislang für die einzige Gestalt von Religion gehalten hatte. Weit gefehlt. Religion ist ein höchst vielfältiges Phänomen und zeigt sich evtl. mit recht fremden Gesichtern. Über die ist dann zu reden. Und da gibt's religionspädagogisch etwas zu lernen!

Und der Kern der ganzen Angelegenheit „Religion" - nämlich der Glaube - entlarvt das schulische Unternehmen endgültig als „unmöglich". Denn Glaube ist nicht lehrbar! Er ist - theologisch gesprochen - immer eine Gnade, also etwas, dass nicht von uns herstellbar ist, sondern nur empfangen werden kann.
Und in einem institutionalisierten Kommunikations-Prozess mit 25 oder 30 jungen Leuten kann er folglich nicht als Zielbeschreibung dienen.

Wenn also der Begriff „Religion" - etwa mit Erich Fromm oder Paul Tillich - weit genug gefasst wird, bleibt die simple Feststellung übrig: Unsere Schüler haben Religion - und sie sind allesamt auch bereits „Gläubige"!

Beides brauchen wir ihnen nicht erst beizubringen - und können es auch gar nicht!

Wenn das konsequenterweise nicht möglich ist, was ist dann das Mögliche an unserem „unmöglichen" Job?

Wo liegt eigentlich seine „Mitte"?

Was ist seine Kontur, sein Ziel und Zweck?

Was ist für unser religionspädagogisches Handeln wichtig - und was nicht?

Auszug aus: R. Jungnitsch: Morgen wird man anders glauben, Fromm, Saarbrücken 2014, 61-67

3. Das Berufsschul-Paradigma

Das Damoklesschwert, das bedrohlich über der Kirche in der Welt von heute schwebt, heißt »Vermittlungskrise des Glaubens«. Wie weit die Krisis gediehen ist, belegt die ungeschminkt-realistische (wenn auch etwas resignativ klingende) Feststellung des DKV-Vorstandes: »Faktisch erreicht die Kirche die Menschen nicht mehr, vielmehr begibt sie sich fortschreitend ins Getto« (vgl. KatBl 718,1989, S. 554).

Wenn dem so ist, drängt sich die Frage auf, warum in dieser Situation nichts Entscheidendes geschieht, um nicht restlos im Getto zu enden. Was stimmt hier nicht? Wo wird etwas falsch gemacht?

Drei Antwortmöglichkeiten bieten sich an:

a) Der Sprecher (die Kirche) redet undeutlich, versteht sich nicht richtig auszudrücken, seine Sprechweise ist nicht zum Zuhören geeignet, oder er spricht, obwohl er nicht gefragt wurde.

b) Die Hörer (die Menschen von heute) haben genug gehört, finden sich in dem Gesagten nicht wieder oder haben sich anderweitig entschieden.

c) Die Botschaft ist überholt und für die Menschen von heute nicht mehr von Nutzen.

Am dritten Punkt kann es wohl nach unser aller Überzeugung nicht liegen. Auch die Hörer möchte ich hier in Schutz nehmen, denn für das »Ankommen« der Botschaft ist in erster Linie der Botschafter zuständig. Also wendet sich die Klage letztlich gegen den Kläger:

Die Krise wird zu einer Angelegenheit von interner Kirchenkritik oder gar von Kirchenreform.

Von dorther verstehen sich auch die fieberhaften Bemühungen um neue Sprach- und Vermittlungsformen in den letzten zwanzig Jahren: neue Katechismen, Fernsehserien, Popularisierung der Theologie, andere Methoden und didaktische Konzepte. Der Erfolg dieser Mühen ist sicherlich unterschiedlich zu bewerten, hat aber weder die Kirchenbänke aufgefüllt, noch den besagten Marsch ins Getto stoppen können. Die Suche nach Auswegen und Lösungen geht weiter.

Dabei fiel der Blick in jüngster Zeit auf ein kirchliches Arbeitsfeld, das den gesamtgesellschaftlichen Zustand spiegelt: der schulische RU. Wenn nämlich ein großer Teil der Schüler und Schülerinnen tatsächlich wenig oder nicht religiös sozialisiert ist, ohne »Gemeindebezug und Erfahrungen im religiösen Leben« (ebd. S. 556), so müssten die Einsichten und Erkenntnisse aus diesem Bereich doch für die gesamte kirchliche Verkündigung von Bedeutung sein. »Hier entsteht eine neue Herausforderung von Kirche und Theologie; hier begegnen Kirche und Theologie wie sonst nirgends denen, die ihnen fernstehen, und erleben sich selbst als den heutigen jungen Menschen Fernstehende. So könnte Religionsunterricht zum 'Lernort' für die Kirche werden« (ebd. S. 558).

Ich möchte diese »Ortsbestimmung« noch genauer fassen. Wenn dieser Lernprozess auch aus allen Schularten und

Klassenstufen gespeist werden kann, so scheint mir dennoch die Berufsschule die Situation am typischsten darzustellen.

These: Der Berufsschul-Religionsunterricht hat paradigmatischen Charakter für die gesamte kirchliche Verkündigung aufgrund seiner spezifischen Aufgabenstellung in einem weithin entkirchlichten Umfeld und der darin begründeten Ansätze einer Neuaktzentuierung der Vermittlung des christlichen Glaubens.

1. Die Jugendlichen sind eine besonders kirchen- und religionskritische Altersgruppe. Das wird bei den Berufsschülern und -schülerinnen noch dadurch verstärkt, dass sie von der Arbeits- und Berufswelt geprägt sind, wo ihnen andere »Spielregeln« nahegebracht werden, als bisher in ihrem Leben gegolten haben mögen: Nützlichkeit, Effektivität, Leistung.

Hand in Hand damit verschieben sich die Wertvorstellungen und Lebensgewohnheiten (Konsum, Genuss, Freizeitverhalten usw.). So bildet diese Schülergruppe einen aufschlussreichen Spiegel unserer Gesellschaft.

2. Dass von zehn Schülern und Schülerinnen lediglich noch eine(r) kirchlich gebunden ist und ansatzweise eine Glaubensbiographie im herkömmlichen Sinne aufzuweisen hat, ist in den Berufsschulen heute schon vielfach die Realität. Diese Situation zwang schon frühzeitig zu anderen religionspädagogischen Fragestellungen und didaktischen Entwürfen: »Früher als in anderen Schulformen wurden an beruflichen Schulen die Erfahrungsfelder und Lebensbereiche der Schüler zum Gegenstand des Religionsunterrichts gemacht; denn so nur

24

waren die Schüler zu erreichen« (Grundlagenplan 1980, S. 28). Das didaktische Modell der Korrelation hat hier vielleicht seinen fruchtbarsten Boden gefunden, so dass in den Unterrichtshilfen und Lehrplänen diese Methode derzeit am weitesten eingearbeitet und realisiert ist. Welche inhaltlichen wie methodischen Anleihen für die pastorale Arbeit mit den sogenannten Fernstehenden sich hier anbieten, muss an dieser Stelle wohl nicht weiter ausgeführt werden.

3. Im Zusammenhang mit dem »Fernstehen« der meisten Jugendlichen und Erwachsenen erhalten einige Gedanken von Karl Rahner, die er vor über 20 Jahren zum Thema »Glaubenszugang« vorgelegt hat, ein besonderes Aussagegewicht. (Art.: Glaubenszugang, in: Sacramentum Mundi, Bd. 2, 414-420).

Für K. Rahner gilt unter der Voraussetzung des allgemeinen Heilswillens Gottes und des ständigen Angebotes der Gnade, dass jeder Mensch »im voraus zur expliziten Predigt der christlichen Botschaft ... immer potentiell schon ein Gläubiger« (414) ist, der in der »seiner Freiheit vorgegebenen Gnade das schon besitzt, was er glauben ... soll, die unmittelbare Selbstmitteilung Gottes in Christo« (414).

Folglich ist das religionspädagogische Bemühen einer Einführung in den Glauben »ein Verstehen-lassen dessen, was im Grunde des Daseins als Gnade schon erfahren ist« (415). Sofern also Glaube (welcher Gestalt, Intensität und Bewusstheit auch immer) bei jedem Menschen vorausgesetzt werden kann, stellt die sogenannte »Glaubensvermittlung« dann eine »Entfaltung des schon gegebenen Glaubens zu seiner vollen

christologischen und kirchlichen, expliziten und gesellschaftlichen (reflex bekenntnismäßigen) Gestalt« (414) dar.

Mir scheint, diese Überlegungen verdienen es, eingehend nachgedacht zu werden, um den darin enthaltenen religionspädagogischen Konsequenzen hinreichend auf die Spur zu
kommen. Es geht nicht allein um die Korrelation zwischen den
religiösen Lerninhalten und den konkreten Lebenserfahrungen
der Schüler und Schülerinnen), sondern um das Aufspüren,
Bewusstmachen und weiter Entfalten des darin vorhandenen
(auch schon christlichen!) Glaubens.
Damit verschiebt sich die Blickrichtung vom Inhalt weg zum
Empfänger der Botschaft bzw. auf das dialogische Moment der
Korrelation – und andererseits auf den eigentlichen »Ort«
korrelativer Vermittlung: den Religionslehrer selbst. Diese
Perspektive wurde bislang sicherlich zu Unrecht vernachlässigt.

Bisher am deutlichsten erfasst – wenn auch nur in ersten
Ansätzen verarbeitet – sind diese Implikationen m. E. im
Berufsschul-Religionsunterricht.
Dort gleicht der Religionslehrer schon heute in manchem dem
Apostel Paulus bei dessen Rede auf dem Areopag: Er hatte
einen Altar für einen unbekannten Gott entdeckt, dem die
Athener huldigten. Genau diese sich vage gebende Religiosität
greift Paulus auf. »Diesen Gott, den ihr verehrt, ohne ihn zu
kennen, will ich euch jetzt bekanntmachen ... « (Apg 17,23ff).

Paulus scheint überhaupt ein guter Religionspädagoge gewesen zu sein, denn er weiß sehr wohl um den existentiell-heilsgeschichtlichen Kontext seiner Mission, wie ihn später Karl Rahner nochmals auf den Punkt gebracht hat. Für Paulus gilt nämlich:»Wenn ich mit Menschen zu tun habe, deren Glaube noch schwach ist, werde ich wie sie, um sie zu gewinnen« (1 Kor 9,22).

Das bedeutet eben, so weit wie möglich den Blickwinkel des Hörers einzunehmen, sich in dessen Leben und Glauben einzuhören, mit ihm zusammen den (vollgestaltigen) Glauben zu entdecken, ihn neu zu lernen. Dabei wird jedoch nicht so ausdrücklich und stets vom Glauben zu sprechen sein, sondern vom Leben, das beiden Seiten als erstes gemeinsam ist.

Auszug aus: R. Jungnitsch: Morgen wird man anders glauben, Fromm, Saarbrücken 2014, 51-55; zuerst erschienen in: unterwegs (DKV) 1/1990.

4. Religionslose Jugend?

Erfahrungen aus der Berufsschule

Eine inzwischen ganz normale Situation zu Beginn des Schuljahres: Ich begegne einer neuen Klasse, stelle mich und mein Fach ein wenig vor und überlasse mich der Situation. Wir „beschnuppern" uns gegenseitig und kommen auch gleich an die Stellen, wo der Schuh drückt. Oliver, ein Elektro-gerätemechaniker im dritten Ausbildungsjahr, schaut mich etwas missmutig an: „Ach, wissen Sie, Religion ist für mich Kirche, und Kirche hat mit Gott zu tun, und...", dabei macht er eine vielsagend-abwehrende Handbewegung. Manch anderem in der Klasse hat der damit sicherlich aus dem Herzen gesprochen. Das ist dem zustimmenden Nicken und Murmeln zu entnehmen.

Doch nicht nur in dieser Klasse wird mir die Sachlage im Klartext derartig selbstbewusst entgegengeschleudert. Offenkundig ist das der Standort sehr vieler Jugendlicher. Wahrscheinlich sogar der meisten.

Von der Kirche erwarten sie nichts (mehr), sie bietet ihnen auf ihre Fragen scheinbar keine befriedigenden Antworten. Allerdings zeigen sie sich (aus welchem Motiv heraus?) als engagierte Beobachter und Kritiker von allem, was mit Kirche, Glaube und Religion zu tun hat: die sterilen Gottesdienste, die teuren Papstreisen, der Pflichtzölibat katholischer Priester, die heuchlerische Moral der Christen, und dann waren da ja auch noch die Kreuzzüge, die Hexenverbrennungen, die Segnung der Waffen im Krieg, das kompromisslose Nein zu Pille und Abtreibung usw. usw.

Alle, die in Sachen Religion mit Jugendlichen zu tun haben, können davon ein strophenreiches Lied singen.[1] Soll man sich angesichts dieser vernichtenden Frontlage hinstellen und auf all die (teils ja sehr berechtigten) Gegenargumente eingehen? Klarstellen, verteidigen, zurechtrücken? Wo bliebe da noch Raum, das einzubringen, was mir als Religionslehrer, als

Vertreter der gerade so geschmähten Kirche und als gläubigem Menschen wirklich wichtig ist zur Sprache zu bringen?

Manchem stellt sich da die bange Frage: Wie soll das weitergehen? Standhalten oder flüchten?

Alles, was in früheren Zeiten im Religionsunterricht behandelt wurde, wäre meinen Schülern heute ein rotes Tuch bzw. ein willkommener Grund, sich abzumelden. Was also tun? Mehr auf sozialethische Themen umsteigen, damit überhaupt noch etwas planmäßig läuft und die Schüler „bei der Stange bleiben"? Dem oberflächlichen Wunsch der Klasse nachgeben und jedes Mal das Videogerät strapazieren? Mag dem auch gelegentlich so sein, ist es dennoch keine befriedigende Lösung. Weder für alle Beteiligten, noch auf die Dauer. Erst recht nicht in der Sache.

Ist unsere Jugend wirklich so religionslos wie es scheint?

Sofern man unter Religion bzw. Religiosität den regelmäßigen Kirchgang, die Einbindung in eine Pfarrgemeinde usw. versteht, ist ein großer Teil der Jugendlichen sicherlich fernab von jeglicher Religiosität. Aber ist es das, worum es geht? Sollte es wirklich das vorrangige Arbeitsziel des Religionslehrers sein, diese jungen Menschen schließlich in der Sonntagsmesse wiederzufinden?

Damit wäre wohl das Pferd von hinten aufgezäumt. Liturgie, Gebet, Gemeindeleben sind doch ihrem Wesen nach *Ausdrucksformen* des Glaubens. Und was nützte hier ein mehr formales Dabeisein, wenn der motivierende „Hintergrund" fehlt, wenn nicht einsichtig ist, worum es dem christlichen Glauben eigentlich geht?

Die Schülerinnen und Schüler, denen ich täglich begegne, bringen das Gemeinte unmissverständlich auf den Punkt, wenn sie wissenwollend und kritisch fragen: Was bringt mir das? Was habe ich davon? Wozu soll das gut sein?

Solchen Fragen sah sich der Glaube in der Vergangenheit kaum ausgesetzt. Der gesellschaftliche Konsens einer Zustimmung zu Glaube und Kirche hatte noch eine spürbare Basis in der

Erziehung und der mehrheitlichen Lebenspraxis. Aber die Situation hat sich gründlich verändert. Die Karten im öffentlichen Kräftespiel wurden neu gemischt und anders verteilt. Zu einem selbstgewissen Auftrumpfen reicht das kirchliche Blatt schon lange nicht mehr aus. In der sogenannten „weltanschaulich pluralen Gesellschaft" müssen sich junge Menschen heute in ganz anderer Weise zurechtfinden, Sinn und Halt suchen. Und das Marktangebot „christlicher Glaube" kommt unter diesen Bedingungen nicht mehr so gut an. Die Nachfrage ist sogar recht schleppend. Und das nicht allein bei den Jugendlichen.

Wer bisher das Ausmaß der allgemeinen Entkirchlichung (nicht nur hierzulande) noch nicht klar genug erfasst hat, wird spätestens jetzt umdenken müssen. Nicht nur das. Ein heilsames Umdenken ist angesagt, eine überfällige Besinnung auf den Kerngehalt dessen, was wir als „Frohe Botschaft" als Eltern, Erzieher, Seelsorger, Lehrer usw. zu bekennen, zu leben und weiterzugeben gefordert sind. Was bedeutet uns der Glaube? Wie lässt sich das Anliegen des Glaubens auf einen kurzen und verständlichen Nenner bringen?

Dass der christliche Glaube derzeit in einer tiefgreifenden Vermittlungskrise steckt, sollte uns hellhörig machen dafür, dass die bisherige Blickrichtung und Akzentsetzung früherer Katechese und religiöser Erziehung ihr Ziel und ihren Adressaten weithin verfehlt haben.

Das hat sowohl mit dem Selbstverständnis des Christentums zu tun, als auch mit der bis heute bevorzugten Sprache in Theologie und Kirche.

Die Jugendlichen unserer Tage haben trotz aller Klischees, Vorurteile und Einäugigkeiten ein sensibles Empfinden dafür, was an der überlieferten Form der Religion nicht stimmt, wo sie an ihnen und am Leben vorbeigeht: „Wir sind halbstark, und unsere Seelen sind halb so alt wie wir. Wir machen Radau, weil wir nicht weinen wollen nach all den Dingen, die Ihr uns nicht gelehrt habt. Wir können rechnen und lesen, und man wies uns an, die Staubgefäße vom Buschwindröschen zu zählen. Wir wissen, wie Füchse leben, und kennen den Bau der

Ackerschachtelhalme. Wir haben auch gelernt, stillzusitzen und den Finger zu heben. Aber in der Stadt gibt es keine Buschwindröschen und keine Füchse. Und wie man dem Leben begegnet, habt Ihr uns nicht gelehrt. Wir möchten sogar an Gott glauben, an einen unendlich starken, der alles versteht, und der will, dass wir gut sind, aber Ihr habt uns keinen Menschen gezeigt, der gut ist, weil er an Gott glaubt..."[2]

Ganz so areligiös oder gar religionsfeindlich klingen diese Töne nicht. Zeigt sich hier doch die so ganz andere Frage-Richtung der Jugendlichen, nämlich nach einem tragfähigen Lebensmodell und einem authentischen, glaubwürdigen Menschsein.

Wie nun lassen sich kirchlicher Glaube und jugendliche Lebensfrage zueinander vermitteln? In welchem Verhältnis stehen Glaube und Leben überhaupt? Und welche Konsequenzen ergeben sich aus der geforderten Besinnung auf das Wesentliche des Glaubens für Katechese und Religionspädagogik, für Theologie und Kirche?

War in früherer Zeit der schulische Religionsunterricht ein zentraler Lernort des Glaubens und ein allgemein akzeptierter Teil im Fächerkanon, so muss er heute - vielleicht am deutlichsten in der Berufsschule - sein Existenzrecht ständig neu begründen. Und von einem herausragenden Ort der Glaubensvermittlung (zumindest im herkömmlichen Sinne) wird man wohl auch nicht mehr sprechen dürfen. Eher lässt sich sagen: Der Religionsunterricht hält an exponierter Stelle das Gespräch über den Glauben aufrecht. Denn der Religionslehrer ist für sehr viele Schüler und Auszubildende die letzte Kontaktperson von kirchlicher Seite. Die Realität sieht doch so aus, dass die Mehrheit der Gefirmten und Konfirmierten nach dieser Station den kirchlichen Zug verlässt und sich „auf eigene Faust durchschlägt", d. h. sich mangels anziehender Plausibilität und Überzeugungskraft des christlichen Fahrplans anderweitig orientiert.

So ereignet sich das Gespräch im Religionsunterricht zwangsläufig zwischen zwei Polen. Auf der einen Seite steht der Glaube in seiner kirchlichen und gemeindlichen Verkörperung, die andere Seite bilden die vielfältigen Lebensentwürfe der Heranwachsenden im Kontext unserer gesellschaftlichen Wirklichkeit.[3)]

Diese Bedingungen hatte schon die Gemeinsame Synode der deutschen Bistümer in den 70er Jahren vor Augen und formulierte daraufhin in dem Dokument über den Religionsunterricht schon realistisch-bescheiden: Es ist ein Gewinn (!), „wenn die Schüler beim Verlassen der Schule Religion und Glaube zumindest nicht für überflüssig oder gar unsinnig halten" (Abschnitt 2.6.5).

Für Außenstehende mag das nach einer resignativen Bescheidenheit klingen, doch wer die schulische Realität aus eigenem Erleben kennt, kann einen solchen Anspruch eigentlich nur als entlastend begrüßen.

Das muss nun aber nicht bedeuten, dass sich die eigentlichen Themen des Glaubens gar nicht mehr ansprechen und einbringen ließen. Es sollte eben nur in einer gänzlich anderen Weise geschehen.

Vielleicht müssen wir in diesem Zusammenhang unserer Rede vom Heiligen Geist in strengerem Sinne ernst nehmen als bisher. Wenn wir nämlich davon überzeugt sind, dass Gott in und durch Menschen wirkt, dass der Geist „weht, wo er will", sollten wir dann nicht in selbstkritischer Aufmerksamkeit sowohl den berechtigten Einwänden der Jugend als auch den kirchenfernen Standpunkten der meisten anderen Zeitgenossen mehr Beachtung schenken? Vox temporis – vox Dei: die Stimme des Zeitgeistes als Stimme Gottes?

Es setzt sich zum Glück auch immer klarer die Einsicht durch, die Menschen, die nicht so leben und nicht so glauben, wie es die kirchliche Tradition und das Lehramt für geboten hält, nicht leichtfertig als areligiös hinzustellen. Dies wäre zudem eine e sachlich unzulässige Engführung des Religionsbegriffs.

Wenn es nämlich zutrifft, dass jegliche Religion wesenhaft damit zu tun hat, dem Menschen

a)   zu helfen, mit seinen existentiellen Ängsten fertig zu werden,
b)   ihm einen Sinn für sein Leben zu vermitteln, der über den weltlichen Erfahrungsraum hinausweist,
c)   moralische Orientierung zu bieten und
d)   die Geborgenheit in einer weltanschaulich-konformen Gemeinschaft zu ermöglichen,

dann bleibt es gar nicht aus, dass jeder Mensch mit und aus irgendeiner Form von Religion lebt.

Das gilt insbesondere für junge Menschen, da ihre Suche nach dem „richtigen" Lebensweg altersbedingt stärker ausgeprägt ist. Gerade in dieser Lebensphase ergeben sich unweigerlich Situationen, die es nicht erlauben, einfach wieder zur Tagesordnung überzugehen. Hier geschieht eventuell etwas, das sie „unbedingt angeht", sie zu Fragestellungen drängt, die letztlich religiösen Charakter haben. Sei es der plötzliche Tod eines Klassenkameraden, der nach dem Sinn dieses kurzen und unzeitig abgebrochenen Lebens fragen lässt und ob uns angesichts unserer Sterblichkeit noch eine Hoffnung bleibt; sei es die einschneidende Erfahrung der Arbeitslosigkeit in der eigenen Familie, die nach dem faktischen Wert eines Menschen jenseits von Funktion und Leistung fragen lässt; seien es die sich mehrenden Nachrichten über Umweltschädigungen, die Zweifel aufkommen lassen, ob es sich noch lohnt oder verantworten lässt, Kinder in die Welt zu setzen usw.

Fragen und Themen bieten sich also genug, um mit Jugendlichen in ein Gespräch einzutreten, das in Grundsatzfragen mündet.

Wichtig scheint es dabei zu sein, eben bei den konkreten Fragen und Erfahrungen, bei der momentanen Situation und dem aktuellen Lebensgefühl anzusetzen. Dazu bedarf es aber auch eines entsprechenden Lernprozesses beim Lehrer, in den geäußerten Ansichten und Standpunkten das darin enthaltene religiöse Potential wahrzunehmen.

Das meint nicht nur sprachliche Andeutungen und Untertöne, sondern auch die Aufschriften auf der Lederjacke, die Aufkleber auf der Schultasche, Körperschmuck und Tätowierungen, die bevorzugte Musikrichtung ebenso wie die abgetragenen Turnschuhe.[4)]

Wer Augen hat, der schaue hin! Wer Ohren hat, der höre!

„Eine religionspädagogische Bemühung besteht darin, die 'Botschaft des Lebensgefühls der Jugendlichen' und die 'Botschaft des Glaubens' in Zusammenhang zu bringen. Das kann in unserem Fall dadurch geschehen, dass wir äquivalente Interpretationen und Symbole aus der christlichen Tradition für die Beziehung des Menschen zur Welt und seines Selbstverständnisses mit den Symbolen des Lebensgefühls der Jugendlichen zusammenhalten und die Spannung zwischen ihnen religionspädagogisch nutzbar machen."[5)]

Hans Schmid fordert dabei zu Recht, neben der Erschließung des Glaubens für die Lernenden müsse die Erschließung der Welt der Lernenden für den Glauben mehr bedacht werden. Wie nämlich beantworten sich die jungen Leute (bewusst oder unbewusst) die existentiellen Fragen, auf die auch der christliche Glaube eine Antwort geben will?

Indem ich die Fragen und Antworten, die Situation und damit die ganze Person des jugendlichen Dialogpartners ernst nehme und ein Stück Weg mit ihm gemeinsam zu bewältigen versuche, kann ich ihm vielleicht eine Ahnung davon vermitteln, dass Glaube konkrete Lebenshilfe bedeuten kann. So kann ich dann auch aufzeigen, wie wenig Religiosität und Glaube etwas Aufgepfropftes sind im Blick auf das übrige Leben, sondern ein radikal unreligiöses Leben praktisch gar nicht lebbar ist.

Sollte es also so schwierig oder gar unmöglich sein, selbst den kritischsten oder sich atheistisch gebenden Schülern verdeutlichen zu können, dass es im Glauben eigentlich genau um die Lebensfragen geht, von denen sie selbst bewegt werden? Kurz: dass Glaube und Leben untrennbar zusammengehören und schließlich nur eine Sache der deutenden Perspektive sind?

Die Bemühung, den veränderten gesellschaftlichen Rahmenbedingungen für eine Glaubensvermittlung gerecht zu werden, spiegelt sich erkennbar in dem „Paradigmenwechsel" in der Religionspädagogik der letzten Jahrzehnte.

In den 50er Jahren galt noch das lange praktizierte Modell der dogmatisch orientierten Religionslehre, die mehr den Charakter einer Katechese hatte. Die Voraussetzung allgemeiner Kirchlichkeit war dort noch gegeben. Dieses Konzept wurde abgelöst vom sogenannten „induktiven" Religionsunterricht, der sich als lebenskundlich bzw. problemorientiert verstand, den religiösen Gehalt aber bestenfalls als thematischen Anhang zur Sprache brachte.

Der Synodenbeschluss von 1974 betonte demgegenüber, dass „heute gelebtes Leben und der Anspruch des Glaubens und seiner Wirkungsgeschichte in einem ausgewogenen Verhältnis zueinander stehen" sollen (Abschnitt 2.5.2). „Der Glaube soll im Kontext des Lebens vollziehbar, und das Leben soll im Lichte des Glaubens verstehbar werden" (2.4.2).

Dieser erste Ansatz einer Korrelation (Wechselbeziehung) zwischen den didaktischen Akzenten der „Auslegung des Daseins" und einer „Auslegung der Überlieferung" wurde 1980 im „Grundlagenplan für den katholischen Religionsunterricht an Beruflichen Schulen" aufgegriffen und weitergeführt. Die Wechselbeziehung von christlicher Botschaft und menschlicher Existenz wird hier in das Bild einer Ellipse mit zwei Brennpunkten übertragen, wobei die die genannten Akzente sowohl klar unterschieden, als auch aufeinander bezogen werden.

Die Didaktik der Korrelation wurde in der Folgezeit in zahlreiche Lehrpläne umgesetzt und dabei nochmals sachgerecht weitergedacht. Aus einem Zueinander der beiden Akzente wurde nun ein Ineinander. Die Glaubenssicht versteht sich darin konsequent als eine Tiefendimension der gemeinsamen Lebenswirklichkeit. Der Glaube ist also eine bestimmte Lebenshaltung, eine tiefgreifende und sich praktisch auswirkende Sichtweise des Lebens. „Christlich erziehen heißt, das Leben nicht nur bejahen, sondern seine Fülle erfahrbar zu machen."[6]

Etwas Anderes hatte Jesus wohl auch nicht im Sinn: „Ich bin gekommen, damit sie das Leben haben und es in Fülle haben" (Joh 10,10).

Das bisher Gesagte dürfte schon ansatzweise deutlich gemacht haben, dass das Bemühen um eine situations- und adressatengerechte Glaubensvermittlung nicht ein spezifisches Anliegen nur der Berufsschulen ist. Vor allem die pastorale Arbeit mit den sogenannten „Fernstehenden" könnte von den religionspädagogischen Erfahrungen aus der Berufsschule profitieren.

So ist es für Alfred Schlotter vorstellbar, „dass dann in jeder Verkündigung und Glaubensunterweisung die Lebenssituation nicht nur als Aufhänger (für das Eigentliche) oder als Feld der Nutzanwendung gesehen wird. Die Lebenssituation wird vielmehr ernst genommen, weil akzeptiert ist, dass sich in ihr Glaube ereignet: zum einen, weil Glaube konkret ist, und zum anderen, weil jede Formulierung des Glaubens notwendig durch die Situation geprägt ist. Dann wäre 'Korrelation' nicht mehr eine Geheimformel der Religionspädagogik, sondern das prägende Element jeder Pastoral."[7]

Es geht also darum, angesichts konkreter Lebenssituationen „theologisch" denken, oder besser: mit den Augen des Glaubens sehen zu lernen. Diese Ausrichtung bedingt nicht nur eine Neubesinnung des Ausgangspunktes jeglicher Glaubens-vermittlung, sondern auch eine Umorientierung im Blick auf den theoretischen Unterbau von Religionspädagogik und Pastoral.

Die schulpraktische Seite der Religionspädagogik kann ihren wissenschaftlichen Bezugsrahmen nicht mehr vorrangig in der dogmatisch geprägten Theologie finden, sie wird neben den verwandten Humanwissenschaften auch die Beiträge der naheliegenden philosophischen Disziplinen mit zu berück-sichtigen haben.

Aus eigener Erfahrung kann ich bestätigen, dass mir für meine Arbeit als Religionslehrer an einer Berufsschule meine Studien in philosophischer Anthropologie und Religionsphilosophie praktisch mehr nützen als all die theologischen Semester.

Denn die Frage nach dem Menschen und dem, was Religion und Glaube eigentlich bedeuten, ist die notwendige Basis, die im offenen Dialog mit „fernstehenden" Jugendlichen und Erwachsenen erst einmal geklärt werden muss. Und dabei wird sich auch herausstellen, wer wem wie fernsteht.

Auf der anderen Seite stände es auch der akademischen Theologie gut zu Gesichte, das Prinzip der Korrelation einmal auf dem eigenen Felde anzuwenden, sprich: die systematische Reflexion des Glaubens intensiver von der realen, lebensweltlichen Erfahrung her zu betreiben. „Ein solcher tastender Versuch korrelativer Theologie könnte dann nämlich die Chance zu einer Erweiterung des Raums theologischer Wahrnehmung eröffnen."[8] Dafür sieht Ulrich Hemel gerade im Berufsschul-Religionsunterricht „ein Handlungsfeld, das sich in besonderer Weise als Ort für die lebensweltliche Sättigung der Theologie eignet", da beide Seiten so weit auseinanderliegen, „dass ihre wechselseitige Distanz geradezu als Erkenntnisquelle genutzt werden kann."[9]

Etwas anders ausgedrückt findet sich dieser Gedanke bereits in den berühmten Tagebuchaufzeichnungen von Fridolin Stier (aus dem Jahre 1970): „Die Theologie hätte sich – prätheologisch – der Wahrnahme des offenliegenden Mysteriums im Dass und So alles Seienden zu öffnen. Vielleicht fände sie dann, in solches 'Sehen' und 'Hören' hineingehalten, die Sprache, die, erfüllt von der Präsenz des Mysteriums, das Staunen davor, das Seiendes ist, das Erschrecken vor dem Abgrund, den Schwindel über der Tiefe, das Fühlen des Ungeheuren zu erwecken vermöchte."[10]

Angezielt ist folglich ein grundlegender Perspektivenwechsel in der Theologie, der eine andere Sprache der Theologen zur Folge hätte: Eine Theologie der Bescheidung. Bescheidung auf die Bedürfnisse der Lebenden und Glaubenden.

Wenn nämlich der Glaube wirkliche Lebenshilfe sein soll, und wenn Theologie ihre Aufgabe darin sieht, intellektuell dem Glauben zu dienen (statt wissenschaftlicher Selbstzweck zu sein), dann ist eine stärkere Ausrichtung an der Verkündigungs*praxis* und damit am realen Leben dringend geboten und im Sinne des Wortes notwendig. Ja, es wird sogar zu einer Überlebensfrage der Kirche und des christlichen Glaubens überhaupt. Entweder erweist sich der Glaube als unmittelbar lebensdienlich, oder er wird verschwinden.

Der Religionsunterricht wird in dieser Situation zu einem primären und harten Prüfstein, ob es gelingt, von Religion wieder so zu sprechen, dass dieses Reden plausibel, nachvollziehbar und motivierend wird zu eigenem Fragen, Suchen und Erfahren.

Anmerkungen:

1) Vgl. z. B. I. Dickmann-Schuth, ... ich glaube, was mir passt, in: Publik Forum Nr. 24 vom 4.12.1987, S. 17f
2) Aus: rabs (= Religionspädagogik an berufsbildenden Schulen) Heft 3/1982, S. 83
3) Vgl. H. Schmid, Religionsunterricht und Glaubenlernen heute, in: unterwegs (DKV), Nr. 2/1988, S. 10
4) Eine nützliche Sehhilfe bietet der Beitrag von Hans Schmid, Die religionspädagogische Relevanz von abgetragenen Turnschuhen, in: KatBl 110 (1985), Heft 7, 498-507. Ebenso die von Schmid vorgelegte Studie "Nachts, wenn ich Bauchschmerzen hab´..." über die Religiosität von Arbeiterjugendlichen, DKV, München 1987
5) Ebd., 506
6) Gregor Tischler, Sensibel werden – religiös erziehen, München 1988, 30
7) Alfred Schlotter, Plädoyer für den Berufsschulreligionsunterricht als Fundus für pastorale Arbeit an Fernstehenden, in: rabs, Heft 4/1986, 107-111, 110
8) Ulrich Hemel, Religionsunterricht an der Berufsschule als Anfrage an die wissenschaftliche Theologie, in: rabs, Heft 3/1988, 67-76, 67
9) Ebd., 67
10) Fridolin Stier, Vielleicht ist irgendwo Tag, Freiburg/Heidelberg 1981, 41f

Zuerst erschienen in: Lebendiges Zeugnis Heft 2/1989, 129-136; später in: R. Jungnitsch: Morgen wird man anders glauben, Fromm, Saarbrücken 2014, 5-16

5. Unglaubwürdiger Glaube – Glaubwürdiger Unglaube

1. Alle reden von der Krise - wir machen sie!

Die Situation der großen Kirchen ist derzeit von vielerlei Krisen-Symptomen bestimmt: Die Kirchenbänke leeren sich, der politische Einfluss schwindet, die gesellschaftliche Zustimmung zu kirchlichen Positionen und Praktiken ist auf einem Tiefststand, Kirchensteuer und Religionsunterricht stehen zunehmend unter Legitimationszwang. Was sich aber derart vehement gegen die Institution richtet, liegt jedoch letztlich an der nicht weiter mehrheitlich geteilten und getragenen religiösen Überzeugung. Der christliche Glaube ist nicht mehr *die* kulturprägende Größe, die er jahrhundertelang (und vermutlich auch eher aufgrund machtpolitischer und psychologischer Faktoren) gewesen ist. Die Geschichte der Neuzeit ist gekennzeichnet von einem ständigen Abwehrkampf der Kirche gegen neue Ideen und Errungenschaften. Von Kepler und Galilei bis hin zu Marx, Darwin und Freud, immer sah sie sich durch das Neue in ihrer gesellschaftlichen Stellung und (natürlich mehr betont) in der von ihr vertretenen verobjektivierten Wahrheit angegriffen. Diese Rückzugsgefechte haben bis weit in unser Jahrhundert hinein angehalten. Selbst die „Allgemeine Erklärung der Menschenrechte" durch die noch junge UNO vor über 50 Jahren fand zunächst keinerlei kirchlichen Segen. Im Gegenteil. Ebenso belegen die amtskirchlich verfügten Lehr- und Predigtverbote einzelner Theologen (sowie manche Bischofsernennungen) der letzten 20 Jahre einen konservativen bzw. restaurativen Geist, dem an innerkirchlicher Identität und Linientreue gelegen ist, dessen Außenwirkung allerdings mehr kontraproduktiven Charakter hatte.

Statt den offenen und offensiven Dialog mit der Welt und den internen Kritikern zu suchen und darin sich dem anderen Denken und Glauben zu stellen, bestimmte die negative Abgrenzung das kirchliche Handeln.

An diesem Prinzip haben auch die progressiven Impulse des Zweiten Vatikanischen Konzils nur kurzzeitig etwas ändern können. Das durch diese Tendenzen gespeiste Image der Kirche zeitigt nun immer spürbarer die eingangs genannten Früchte. Wer sich über so lange Zeit derart fortschritts- und demokratiefeindlich, so beschäftigt und gefangen durch weltferne Binnenprobleme gezeigt hat, dem schenkt man schließlich auch kaum mehr Gehör, wenn es um die Bewältigung aktueller gesellschaftlicher Herausforderungen geht.

Teils unverdient bleiben daher auch zukunftsweisende kirchliche Stellungnahmen, sei es zu Ökologie, Asylrecht, Abtreibung oder sozialer Gerechtigkeit, zunehmend wirkungslos.[1) Ihre langwährende Rolle als sinngebende und wertstiftende Instanz hat die Kirche schrittweise eingebüßt. Als Anbieterin einer religiösen Lebensperspektive sieht sie sich heute in eine weltanschauliche Pluralität gesetzt, die weithin den Spielregeln des Marktes gehorcht. Der Glaube ist nicht mehr *ihr* exklusives Gut. Die Religiosität ist mehrheitlich aus der Kirche ausgewandert und sucht sich derweil andere Unterkünfte, sofern Esoterik, New Age, der Sektendschungel, eine naive Wissenschaftsgläubigkeit oder das Fernsehen dieses wandernde Bedürfnispotential nicht schon bei sich gebunden haben.

Kurz: Die Krise der Kirchen ist eine Krise des Glaubens. Die Glaubenskrise ist aber vielmehr eine Krise der Glaubens- vermittlung, d. h. der Art und Weise wie über Generationen das Christsein vorgelebt und plausibel gemacht wurde.[2)]

Es ist noch nicht lange her, dass das Hineinwachsen in den kirchlich-religiösen Horizont im Lernen von Katechismus-Sätzen bestand, die man für die Substanz des Glaubens hielt. Dass der Glaube, sofern er als christlicher gelten will, wesentlich mit dem realen Leben verknüpft sein muss, wurde erst in den 70er Jahren als pädagogische Maxime wiederentdeckt.

Die Eltern und Großeltern der heutigen Kinder und Jugendlichen durften an dieser Rückbesinnung und damit an einer realitäts- bezogeneren Religionspädagogik noch nicht teilhaben. Deshalb verbinden sie Religion und Glaube weiterhin mit beiläufigen Äußerlichkeiten sowie einer aufgesetzten und schwer nachvollziehbaren Weltsicht.

Wer wollte es daher den jungen Leuten verübeln, wenn sie größtenteils zur Kirche und damit zum Glauben eine distanzierte bis ablehnende Haltung einnehmen. Der institutionell vertretene Glaube zeigt für sie ein wenig einladendes Gesicht. Was sie suchen und akzeptieren können, scheint dort nicht geboten zu werden.

Doch diese „Kirche?-Nein Danke!"- Stimmung ist - Gott sei Dank! - noch nicht die ganze Wahrheit.

2. Die religionslose Jugend - ein kurzsichtiges Vorurteil

Bei Kirchen- bzw. Katholikentagen, beim letzten katholischen Welt-Jugendtreffen 1997 in Paris oder der Versammlung der Taizé-Anhänger am Jahresende in Wien könnte man den Eindruck gewinnen, als bestünde das verblieben-aktive Kirchenvolk überwiegend aus Teens und Twens. Doch das Bild trügt doppelt.

Einerseits wachsen in unseren Breiten sicher 9 von 10 Jugendlichen ohne eine nachhaltige religiöse Sozialisation auf, wobei auch die formale Teilnahme an Taufe, Erstkommunion und Firmung noch keine ausreichende Basis zur Gestaltung einer eigenen religiösen Überzeugung und Lebenspraxis darstellt.

Andererseits definieren die dort so zahlreich zusammen-rückenden jungen Leute ihren christlichen Glauben ebenso eigenwillig wie sie auch über andere Bezugspunkte ihres Lebens selbstbewusst, kritisch und autonom entscheiden. Eine Orientierung an dogmatischen Vorgaben des kirchlichen Lehramtes ist für sie kein Weg zum Verstehen und Ausdrücken des Glaubens. Sie praktizieren einen produktiven Anarchismus um der Sache willen. Der Glaube muss für sie zuerst seine unmittelbare Lebenstauglichkeit erweisen.

Der Zugangsweg bedarf einer motivierenden Grunderfahrung bevor dem „theoretischen Überbau" weitere Aufmerksamkeit geschenkt wird. Damit steht diese Generation auf gut biblischem Boden, selbst wenn sie um diese Quellen nicht mehr weiß. Und wer wollte leugnen, dass derart in Erfahrung geprüfte und bedachte Glaubenshaltungen allemal auf festerem Grund stehen als wenn sie vorrangig in Tradition und Gewohnheit verankert wären.

Aber selbst bei den Jugendlichen, die nach eigenem Bekunden mit Kirche, Glaube und Gott nicht viel am Hut haben, herrschen trotzdem weder Unglaube noch Religionslosigkeit. Weit gefehlt. Man muss nur genauer hinsehen, um eine erstaunliche Vielfalt an „religiösen" Ritualen, Zeichen und Symbolen zu entdecken.[3]

So lassen sich auf Jacken, Schultaschen, dem Autoblech oder gar auf der Haut allerlei symbolische Hinweise darauf finden, was in der jugendlichen Lebenswelt angesagt ist. Dabei werden die herkömmlichen Bedeutungszusammenhänge von Zeichen und Symbolen recht ungehemmt übersprungen und mit einem neuen „Gehalt" verbunden. Das Kreuz ist dann eben nicht mehr zwangsläufig das christliche Erlösungssymbol und das Yin-Yang-Zeichen identifiziert nicht eindeutig das Bekenntnis zur alten chinesischen Philosophie. Der Umgang mit solchen Dingen ist in dieser Generation ungleich vielschichtiger geworden und lässt keine einfachen und generellen Schlüsse über Gerbrauch und Deutung mehr zu. Bisherige Verstehensmuster von Religiosität sind hier also nur von einem begrenzten diagnostischen Nutzen.

Wenn jedoch grundsätzlich gilt, dass

1. jeder materielle Gegenstand und jede Handlung einen symbolisch-sakramentalen Status erlangen können,

2. sakramentale Handlungen bzw. Symbole stets Ausdrucksformen einer dahinterstehenden individuellen oder kollektiven Überzeugung, also eines Glaubens sind, dass

3. menschliches Leben in zentralen Belangen gar nicht anders als in symbolischen Vollzügen gestaltbar ist, und

4. die religiöse Dimension als Sinndeutung des Ganzen ebenfalls eine anthropologische Konstante darstellt, dann gilt dies auch für die Heranwachsenden mit denen wir es zu tun haben.

Die unterschiedlichen Akzente ihrer Selbst-Inszenierungen sind sogar hochgradig mit Transzendenzverweisen besetzt. Ihre Symbolisierungen haben zeitbedingt die „Objekte" gewechselt - und wechseln ihrerseits auch kurzzeitig in der Bedeutung. Kleidung, Haarschnitt, Sprache, Schmuck, Musik, Treffpunkte usw. besitzen einen gesteigerten Aussage- und Bekenntniswert. Dem gilt es nachzuspüren, um überhaupt ins Gespräch kommen zu können. Die Jugendlichen entwerfen durchaus ihre eigene Theologie, die jedoch erst herausgehört werden will.[4]
Wer sich auf den Dialog mit der jungen Generation einlässt, wird feststellen, dass bei ihnen ein erhebliches religiöses Bedürfnis-Potential auf Ansprache und Befriedigung wartet.

Zumal sich die Jugendlichen entwicklungspsychologisch in einer höchst sensiblen Suchbewegung befinden. Das Bewusstsein erwacht aus dem Schlummer kindlicher Naivität. Die Erprobung von Beziehungen, die Entdeckung eigener und fremder Körperlichkeit, erste Schritte zur Selbständigkeit und beruflichen

Zukunft, die Lösung von der elterlichen Autorität, die Findung der eigenen Identität - all das sind letztlich Elemente einer altersspezifischen Krisensituation. Jugend bedeutet tiefgreifende Veränderungen, ein Dasein im Übergang, im Zwischenraum. Die veränderten gesellschaftlichen Rahmenbedingungen machen es heute offenbar schwieriger als früher, erwachsen zu werden. So definieren die Demoskopen die Phase der Jugend inzwischen über den Zeitraum vom 12. bis zum 29. Lebensjahr.

So ziemlich alles kommt ins Schwimmen in diesen Jahren. Das verstärkt die Suche nach Orientierungspunkten, nach befriedigenden Sinn-Antworten, gültigen Wertmaßstäben und nachahmenswerten Lebens-Modellen. Umso vitaler stellen Jugendliche die fundamentalen Fragen des Lebens: Woher? Wohin? Wozu?

Die Antworten des christlichen Glaubens - zumindest in seiner kirchlichen Präsentationsform - gehören dabei schon lange nicht mehr zu den Top-Angeboten, die bevorzugt nachgefragt werden.

Das hat gewiss mit einer für die jungen Adressaten zu geringen spirituellen Erfahrungsmöglichkeit, einer dem zeitgeschichtlichen Kontext nicht entsprechenden Plausibilisierung der Glaubensinhalte sowie einer wenig attraktiven Ausstrahlung kirchlich-gemeindlichen Lebens zu tun.

Der formale wie qualitative Sprung, der sich innerhalb weniger Jahrzehnte vollzogen hat, wird augenfällig am Eingliederungsritual in die reale Erwachsenenwelt: Als ein christlich-kirchliches Milieu noch gesamtgesellschaftlich prägend war, galt (neben dem ersten eigenen Geld nach Abschluss der Lehre) die Firmung bzw. die Konfirmation als Zeichen der Aufnahme in die Gemeinschaft der Mündigen.

Heute wird dieser Übertritt durch den erworbenen Führerschein dokumentiert, dem recht bald die automobile Realisierung folgt. Das Auto ist (unberührt vom rationalen Wissen um seine ökologischen Schattenseiten) zum universalen Symbol von Freiheit, Mobilität, Unabhängigkeit und Macht hochstilisiert worden. Seine potentielle Definitionskraft hinsichtlich Status, Erfolg und Wert des Besitzers ist - jedenfalls am stärksten in der erwartungsvollen Zeit vor Erreichen dieses Ziels - noch ungebrochen.

Bei derartigen Erfahrungen, Hoffnungen und Sehnsüchten ist der Dialog anzusetzen. Und dieser Dialog sollte von kirchlicher Seite (wer immer das konkret auch sein mag) in erster Linie von Ernstnahme, Zuhören und Verstehensbereitschaft geleitet werden.

Jeder, der sich mit Jugendlichen über den Glauben unterhält, wird sich auch der Rückfrage stellen müssen, was er denn selber davon habe: Was nützt der Glaube? Die Frage erscheint nur bei oberflächlicher Betrachtung naiv oder unsachgemäß. Sie zielt nämlich ohne Umschweife ins Schwarze.

Dem jungen Frager gegenüber nun redlich vom eigenen (!) Glauben zu reden, mit der ganzen Person und vor allem einer authentischen Lebenspraxis glaubwürdig ein lebendiges Zeugnis des Christseins abzugeben ist gewiss nicht leicht.

Denn nicht das einmal theoretisch Gelernte, das Apostolische Glaubensbekenntnis oder eine Handvoll dogmatischer Lehrsätze stehen nun zur Debatte, sondern der tatsächliche Alltag. Entweder lässt sich das, was Religion und Glaube meinen, genau dort aufspüren, oder es bleibt ein abgehobenes Spiel um Ideen und Begriffe, die angeredet und blutleer bleiben.

3. Wenn Glaube und Leben sich suchen - und finden?

Die heutige Religionspädagogik hat sich gründlich vom missionarischen Eifer früherer Zeiten verabschiedet. Wenn, wie angedeutet, das Christentum auf dem heutigen Marktplatz der Religiositäten nicht mehr die Monopolstellung innehat, verbietet sich jeder selbstherrliche Auftritt von selbst, der dem Unkundigen nun endlich Einblicke in letzte Wahrheiten zu gewähren bereit ist. Auch Christen „besitzen" nicht die Wahrheit. Sie haben lediglich gute Gründe für ihr Hoffen. Nicht mehr und nicht weniger.

Wenn es auf einer ersten Stufe gelingt - und das gilt nicht nur für das Gespräch mit jungen Menschen - wenigstens die beiden folgenden Charakteristiken des (christlichen) Glaubens kenntlich zu machen, dann ist schon viel an Boden gewonnen[5]:

Der Glaube ist kein Fürwahrhalten althergebrachter und schwer verständlicher Bekenntnissätze. Er ist vielmehr eine (im wörtlichen Sinne) umfassende Lebenshaltung. Aus der Grundannahme der Geschöpflichkeit resultiert eine Weltsicht, die nichts und niemanden ausklammert, sondern alles in einem werthaften Licht sieht.

Deswegen ist der normale Alltag mit seinen Höhen und Tiefen der primäre Ort der Glaubenserfahrung und -bewährung.

Christsein findet nicht vorrangig am Sonntag zwischen 10 und 11 Uhr statt. Er ist entweder eine reale Lebenshilfe oder ein irreales Gespinst.

Es soll nachvollziehbar werden: Der Glaube ist eine bestimmte Deutung der Welt und des Lebens. Erst, wenn du dich ein Stück weit auf diese Perspektive einzulassen bereit bist, kannst du auf deine eigene Weise erfahren, was sie bedeutet und welchen Wert sie für dein Leben besitzen kann. Was du für dich dabei herausholst ist davon abhängig, wie weit und wie intensiv du die Sache an dich hast herankommen lassen.

Der Glaube ist ein lebenslanger und offener Prozess. Niemand entscheidet, dass er ab jetzt zu glauben anfängt. Die Fähigkeit und Bereitschaft zu glauben - sei es den Worten anderer Menschen, an das Gelingen einer künftigen Unternehmung oder an das wohlwollende Dasein Gottes - gleicht einem empfindsamen Pflänzchen. Es bedarf vieler nahrhafter Erfahrungen, um sich optimal entfalten zu können.

Den Grundstock dazu bilden zweifellos die gegebene Zuwendung, Liebe und Geborgenheit seitens der Eltern. Sie stärken das Selbstvertrauen, die Lebensbejahung und fördern die Beziehungsfähigkeit. Diese Ansatzpunkte einer konstruktiven religiösen Erziehung[6] machen die vollzogene „anthropologische Wende" in Theologie und Religionspädagogik deutlich, ohne die ein jeglicher Versuch der Glaubensvermittlung zwangsläufig am Adressaten vorbeiredet.

Es soll nachvollziehbar werden: Die Frage nach Gott hat wesentlich mit der Frage nach dir selbst zu tun. Es geht um deine wirkliche Identität, d. h. um das Aufspüren und Umsetzen dessen, was in dir steckt.

Die religiöse Sicht der Dinge reicht eben tiefer in dich hinein als es Konsum, Wohlstand oder die Wissenschaft je tun könnten. Und weil die Sache mit dem Glauben so weitreichend ist, so eng mit deiner eigenen Lebensgeschichte, deinem Denken, Fühlen, Wollen und Handeln verflochten ist, gibt es schließlich auch nicht „den Glauben" als objektive, abstrakte Größe. Jeder Einzelne färbt den überlieferten Glauben nach den eigenen Bedingtheiten jeweils für sich neu ein. Das schafft Freiräume, fordert aber auch zu einer aktiven Gestaltung und Verantwortung der eigenen Überzeugung heraus. Erst im Miteinander des Austausches von Erfahrungen und Argumenten wird sich zeigen können, was Bestand hat. Daher ist kein Christ mit seiner Suche nach der Wahrheit jemals am Ende. Den Glauben *hat* man nicht endgültig, er muss ständig neu überdacht, entwickelt und gestärkt werden. Insofern besitzt der christliche Glaube die gleiche Dynamik wie das Leben selbst. Finde also deinen eigenen Glaubensweg!

Eine Glaubensrede, die an der Jahrtausendschwelle noch Gehör finden will, wird sich bescheiden, aber bestimmt an die Seite der Suchenden stellen und sie zu begleiten versuchen. Sie wird sensibel die konkret-alltäglichen Dinge des Lebens heutiger Menschen wahrnehmen und auf deren religiöse Implikationen hin im Dialog bedenken. Auf diesem Wege lässt sich dann zeigen, wie untrennbar der Kern des christlichen Bekenntnisses

in jedem Menschenleben verankert ist und zu dessen end-
gültigem Gelingen beitragen will.

Wir brauchen Gott nicht zu den Menschen zu bringen, er ist
schon längst da. Nur lebt er bei den meisten inkognito. Ihn
entdecken zu helfen ist die Aufgabe. Alles andere wird dann
dazugegeben.

Anmerkungen:

1) So sind laut einer Emnid-Umfrage für den Spiegel (Heft 52/1997,
    S. 60) 71% der Befragten dafür, dass die
    Kirche weniger Einfluss auf politische Entscheidungen hat. Auch
    bei der Wertevermittlung steht die Kirche
    (nach Polizei, Parteien und Greenpeace !) mit 37% nur noch an 4.
    Stelle (ebd. 68).
2) Die lebensgeschichtliche Aufarbeitung einer verfehlten oder gar
    krankmachenden religiösen Erziehung ist inzwischen vielfältig
    dokumentiert: z. B. T. Moser, Gottesvergiftung, Frankfurt 1976; J.
    Richter, Himmel,
    Hölle, Fegefeuer, Weinheim 1992; D. Funke, Der halbierte Gott,
    München 1993; H. Jaschke, Dunkle Gottesbilder, Freiburg 1992;
    K. Frielingsdorf, Dämonische Gottesbilder, Mainz 1992; L. Zellner,
    Gottestherapie, München 1995.
3) Vgl. R. Jungnitsch, Glaub doch was du willst, München 1996, S.
    10-16;
4) Beispielhaft H. Schmid, Die religionspädagogische Relevanz von
    abgetragenen Turnschuhen, in: KatBl 110 (1985), 498-507;
    hilfreiche Einblicke in die Jugendszenen bieten K. Janke/S.
    Niehues, Echt abgedreht. Die Jugend der 9oer Jahre, München
    1995. Entsprechende Brückenschläge entwirft R. Sauer, Mystik
    des Alltags. Jugendliche Lebenswelt und Glaube, Freiburg 1990.
    In soziologischer Perspektive H. Knoblauch, Die unsichtbare
    Religion im Jugendalter, in: W. Tzscheetzsch/H.G. Ziebertz (Hg.),
    Religionsstile Jugendlicher und moderne Lebenswelt, München
    1996, 65-94.

5) Vgl. zum folgenden oben I/1.
6) Ausgeführt bei J. Hofmeier, Religiöse Erziehung im
   Elementarbereich, München 1987, bes.121-164.

Zuerst erschienen in: Günter Riße (Hg.): Zeit-Geschichte und Begegnungen (FS Bernhard Neumann), Bonifatius, Paderborn 1998, 295-301; später in: R. Jungnitsch: Morgen wird man anders glauben, Fromm, Saarbrücken 2014, 18-27

6. Aphorismen zur „Krise der Glaubensvermittlung"

Ein Aphorismus, so belehrt uns das Wörterbuch, ist ein in sich geschlossener, kurz und treffend formulierter Gedanke, ein geistreicher Sinnspruch. Einige solcher Sinnsprüche sollen nun die kurzen Bemerkungen über die gegenwärtige Krise der Glaubensvermittlung auf ihre Weise treffsicher begleiten.

Diese zugespitzten Worte stammen aus der Feder des polnischen Satirikers Stanislaw Jerzy Lec (1909-1966), dessen „Unfrisierte Gedanken" auch hierzulande ein breites Publikum gefunden und begeistert haben. Die getroffene Auswahl aus seinem reichen Aphorismenschatz vermag, so scheint mir, manchen Aspekt des Themas vorzüglich zu charakterisieren, daran Wesentliches zu erfassen und gar dessen „schwache Stelle" bloßzulegen. Aber immer geschieht das bei Lec mit einer augenzwinkernden Menschenfreundlichkeit, eine „Reminiszenz an eine verschüttete Welt, deren Abglanz dieser freundlich militante Dichter immer noch mit sich herumtrug".[1)]

Doch nun zur Sache.

Es gibt tiefgläubige Menschen – denen nur die Religion fehlt
(AUG, 148)

Seit Jahren wird vielstimmig und lautstark lamentiert, es gehe mit der Weitergabe des Glaubens und der überlieferten Werte rapide bergab: Die Lichtung der Kirchenbänke, der Priestermangel, überhaupt habe das Ansehen der Kirchen in der Öffentlichkeit stark an Leuchtkraft verloren, der Zeitgeist scheine über kirchliche Traditionen einfach hinwegzurollen, der schulische Religionsunterricht stehe zunehmend in der Schusslinie, die katechetischen Bemühungen in den Gemeinden liefen vielfach ins Leere undsoweiter. Insbesondere die nachwachsenden Generationen seien religiös kaum mehr ansprechbar und ließen daher um die Zukunft der Kirche und der ganzen christlichen Religion fürchten.

So soll das Augenmerk zuerst auf die „Krise" gerichtet werden, um von dort aus ein paar Ausblicke zu wagen auf die sicher zu keiner Zeit leichte Aufgabe der religiösen Bildung und Erziehung. Von herausragender Bedeutung ist hierbei gewiss die Frontlinie des Religionsunterrichtes, wenn die Anmerkungen wohl auch für andere Bereiche gelten mögen.

Was hat euer Gesicht so entstellt? Die allzu großen Worte (LB, 54)

Wer wollte leugnen, dass in Kirche und Theologie einiges im Umbruch ist. Seit den sechziger Jahren, der Zeit des Zweiten Vatikanischen Konzils, wendet sich die Theologie verstärkt gesellschaftspolitischen und ökologischen Fragen zu, hat sich dem Dialog mit den Human- und Geisteswissenschaften, der zeitgenössischen Philosophie und den anderen Religionen offener gestellt, ist sprachlich und argumentativ politischer und selbstkritischer geworden.

Die Religionspädagogik starrt nicht mehr bloß auf zu vermittelnde Inhalte, sondern setzt sich intensiver auseinander mit den Möglichkeitsbedingungen der Glaubensvermittlung. Sie nimmt heute stärker die Adressaten in ihren jeweiligen

Lebenssituationen wahr und berücksichtigt kommunikative Strukturen und Voraussetzungen. man versucht neu zu lernen, wie man Religion lehrt.

Ein wesentlicher Punkt in diesem Revisionsprozess ist die gewachsene Einsicht, dass der christliche Glaube in der Vergangenheit zu einseitig *theologisch* verstanden und präsentiert wurde. Begriffe und Definitionen, Formeln und Dogmen, eine übermächtige Tradition und festgeschriebene Erfahrungen anderer waren die Grenz- und Angelpunkte des Glaubens. Erst in unseren Tagen findet eine allmähliche Emanzipation von dieser Fixierung statt. Viele Christen wagen erstmals öffentliche Kritik an kirchlichen Strukturen oder bischöflichen Äußerungen und finden den Mut zu *eigenen* Wegen und Erfahrungen. Andere haben angesichts der real existierenden Kirchen bald resigniert, bleiben nur noch formal Gemeindemitglieder oder vollziehen endgültig den Austritt.

Ganz individuell durchlaufen die meisten Jugendlichen einen solchen Krisenprozess in ganz wenigen Jahren. Wenn nämlich ihre sogenannte religiöse Sozialisation derart "trocken" und abschreckend verlief, wird die Firmung bzw. die Konfirmation die definitiv letzte Station in ihrer kirchlichen Glaubensbiographie bleiben. Der Religionsunterricht in der Schule als nochmals unfreiwillige Konfrontation mit dem ungeliebten Thema vermag dann sicherlich keine Wende mehr herbei zu führen, höchstens ein paar Korrekturen anzubringen, die den Heranwachsenden vielleicht noch einmal zum Nachdenken bringen, ob dies denn wirklich alles gewesen ist in Sachen Glaube, Religion und Gott. Kurz: Bisher war die christliche Religion zu sehr vom Intellekt geprägt und hat wesentliche Aspekte der Menschennatur übersehen. „Es darf und kann nicht länger sein, dass die Lehre vom Heil von den wirklichen Erfahrungen, denen sie entstammt, abgetrennt ist und zur bloß äußerlich übernommenen Lehre entartet (...) und somit die Religion zu einer bloßen Willens-anstrengung, zu einer einzigen verkrampften Moralaskese degeneriert."[2] Oder noch einmal aphoristisch mit Lec gesprochen:

Wegweiser können eine Straße in ein Labyrinth verwandeln (LB, 119) und

Es genügt nicht, zur Sache zu reden, man muss zu den Menschen reden

(LB, 159).

Es ist also kaum zu leugnen, dass hier eine Situation vorliegt, die Religionspädagogik, Theologie und Kirche vor besondere Aufgaben stellt. Denn die vielzitierte "Krise" betrifft offensichtlich nicht nur die äußerlichen Rahmenbedingungen kirchlich geprägter Religiosität, sondern umgreift auch das Was des Glaubens, das Überlieferte selbst.

Gerade *weil* die überlieferten Inhalte in ihrer bisherigen Gestalt kaum mehr zugänglich sind und dadurch auch nicht lebensbedeutsam werden können, erleben wir seit Jahren einen überquellenden Markt an theologischer und spiritueller

Zubringer-Literatur für alle Altersgruppen sowie ausgedehnte Medienprojekte in Funk und Fernsehen. Alles mit dem einen Ziel, den Glauben nahezubringen, das heißt ihn verstehbar und nachvollziehbar zu machen.

Der angezielte „Erfolg" all dieser Bemühungen entzieht sich naturgemäß einer unmittelbaren Messbarkeit. So nährt die nicht nur statistisch erfassbare Distanzierung zu Kirche und Glaube in unserer Gesellschaft den Gebrauch des Schlagwortes „Krise". Ob diese Vokabel der jetzigen Situation aber überhaupt gerecht wird, sie sachgerecht aufgreift und benennt, darf jedoch bezweifelt werden.

„Die Beobachtungen, Erfahrungen und Vermutungen zur augenblicklichen Situation von Glaube und Kirche werden zunächst als Verlust empfunden: als Verlust von Kirchenbesuchern, Kirchenmitgliedern, Werten, Legitimität, Tradition, Sinn, Glauben."[3]

Schon die sich gleich anbietende Rückfrage, *wer* denn diesen Verlust als solchen erlebt, offenbart, wie einseitig und damit unzureichend der Krisen-Terminus ist. Denn, so Harald Lang weiter, „anstatt nach den positiven Kräften, die in jedem gesellschaftlichen Umbruch verborgen liegen, zu fragen, werden Krisenmetaphern bemüht, hinter denen auch die vorhandenen positiven Werte des sozialen Wandels verschwinden müssen."[4]

Es gilt also nicht nur das Gebot einer differenzierteren Betrachtung, vielmehr sogar einen notwendigen Perspektivenwechsel zu vollziehen: Die Krise als Chance!

Das bedeutet keinen rhetorischen Trick zur Beruhigung der deprimierten Gemüter. Die zu verändernde Blickrichtung verlangt einen verschärften Realismus in der Selbstwahrnehmung und Selbstdarstellung von Theologie und Kirche. Warum wohl fällt es vielen (der Amtsträger) in der Kirche so schwer, die "Zeichen der Zeit" zu erkennen und entsprechend zu handeln? Ist es nicht möglich, gelten zu lassen, dass der Heilige Geist weht, wo *er* will, nämlich auch auf der *anderen* Seite? Wieviel Wirksamkeit trauen wir dem Geist Gottes in dieser Welt eigentlich zu?[5] Hier mag gelten, was Lec auf seine Weise ausdrückt:

Die Abdrücke vom Finger Gottes sind nicht immer identisch
(LB, 99)

Wenn die Aufgabe der Stunde folglich heißt, Mut zu fassen in all den Um- und Aufbrüchen und sich mit begründeter Hoffnung auf die vielfältigen Chancen dieser „Krise" einzulassen, so sollen nachfolgend in wenigen Strichen noch ein paar Facetten einer zukunftsfähigen religiösen Vermittlung skizziert werden. Das geschieht nicht mit dem Anspruch auf Vollständigkeit und Optimum, eher mit der Absicht einer thesenhaften Anregung.[6]

Nenn das Ding beim Namen, aber auch beim Pseudonym
(AUG, 56)

Wurde bisher so viel Wert darauf gelegt, das Geglaubte auch bei seinem richtigen dogmatischen Namen zu nennen, wird es künftig wichtiger sein, zeigen zu können, wo und wie Gott, Glaube, Sakramentalität usw. in den Dingen des Alltags vorkommen (können), ohne dass sie dort solche Namen tragen. Alles, was religiös vermittelt werden soll, hat in unserem durchschnittlichen Lebensalltag seine Entsprechungen. Wäre dem nicht so, bliebe der Glaube eben unpassend, fremd und aufgesetzt.

Jegliche religiöse Vermittlung wird demnach in ihrem sprachlichen Ansatz, also hinsichtlich der verwendeten Begrifflichkeit, *nichttheologisch* zu sein haben.

Jeder Zuschauer bringt seine eigene Akustik ins Theater mit (AUG, 116)

Dass dies auch und gerade im Bereich des Religiösen gilt, ist eigentlich eine Binsenweisheit, doch hat die kirchliche Pädagogik genau das lange genug übersehen. Die Weitergabe war auf die inhaltliche Korrektheit fixiert, statt auf den Hörer und seine Situation. Erst heute lernen wir wieder neue zu sehen, dass schon Jesus selbst das beste Beispiel für diesen revidierten Ansatz ist. Er wusste um die mitgebrachte Akustik, redete darum in Gleichnissen, deren "Stoff" dem Alltagsleben der Ange-sprochenen entnommen war.

Daher wird eine zukunftsfähige Glaubensvermittlung mehr als bisher *erfahrungsbezogen* und *erfahrungsgesättigt* sein müssen.

Ein wahrer Gläubiger setzt sich aus Fragen zusammen, ein wahrer Gott aus Antworten (AUG, 213)

Wenn eine Glaubensvermittlung erfahrungs*bezogen* sein will, mündet sie unter anderem in die Begegnung mit der Überlieferung der Glaubenserfahrungen früherer Generationen, insbesondere mit deren philosophisch-theologischer Terminologie und Struktur. Sofern die daraus genährte Heilsgewissheit früherer Zeiten inzwischen weithin abgebaut wurde, so ist er dennoch nicht völlig verschwunden. Es war wirklich ein bemerkenswerter theologischer Sprung in die Neuzeit als das letzte Konzil einräumte, es gebe auch außerhalb der katholischen Kirchengrenzen wahren Glauben und gültige Gotteserkenntnis. Solcher Großmut war dem bis dahin vorherrschenden exklusiven Glaubensverständnis der römischen Kirche absolut fremd.

Gerade gegenüber Kindern und Jugendlichen, die in einer vergleichsweise viel kleineren, engeren und vernetzteren Welt aufwachsen, gebietet die Redlichkeit eine entsprechende Bescheidenheit und Selbstrelativierung des eigenen Glaubensstandpunktes. Wahre Toleranz beginnt bekanntlich dort, wo dem Andersgläubigen nicht nur im Sinne einer Duldung *sein* anderer Glaube zugebilligt wird, sondern wo er in seinem Andersglauben sogar bestärkt wird, weil dies ein zentraler Bestandteil seiner Identität ist.

Der christliche Glaube beansprucht ja auch nicht, die Lösung aller Probleme zu sein, noch Antworten auf alle Fragen zu haben. Genau das sollte aber nicht allzu kleinlaut weitergesagt werden. Es macht den Glauben nicht schwächer, sondern glaubwürdiger. Angesagt ist folglich eine (inhaltlich) *theologisch-reduktive* Weitergabe des Glaubens, das heißt es kann nicht mehr angehen, möglichst umfangreiche *Kenntnisse* über die Bibel, den Katechismus, die Kirchengeschichte, die Heiligen,

Gebete und Gebote als das Zentrum der Vermittlung anzusehen. Diesem kognitiven Wissen fehlt fast durchgängig die motivierende und erschließende Erfahrungsbasis.

Anders duftet das Heu den Pferden und anders den Verliebten (AUG, 59)

Gerade wenn der Glaube nicht mehr einseitig monologisch-autoritär vorgestellt wird und sich stattdessen *dialogisch-offen* präsentiert, hat er eine Chance, in einer weltanschaulich pluralen Gesellschaft überhaupt noch ernst genommen zu werden. Insbesondere das Gespräch mit der Jugend untersteht verschärft diesem Anspruch. Erst das Wahrnehmen und Geltenlassen aller kritischen Nachfragen und Argumente konstituiert den anderen als wirklichen Gesprächspartner. Wer in Sachen Religion mit Jugendlichen zu tun hat, weiß um die erforderliche Sensibilität in diesem Dialog. Und er wird auch wissen, mit welch gesundem Gespür viele Jugendliche den Sektor Kirche und Glaube abtasten und recht gut benennen können, wo die Kirche ihrer Lebenswelt fernsteht und die Botschaft sie nicht betrifft.

Weil aber das Lebens-Heu eben jedem anders duftet, ist der unbedingte und tabufreie Dialog ein unverzichtbarer Wesenszug einer zukunftsfähigen Religion.

Zwei Parallelen begegnen sich in der Unendlichkeit – und sie glauben daran (LB, 66)

Derzeit befindet sich das Schiff der evangelisch-katholischen Ökumene offenkundig in einer Flaute. Der rechte Elan und ein förderliches Klima scheinen nicht vorhanden (und kaum gesucht) zu sein. Zumindest was die "amtliche" Ebene betrifft. Die Praxis vor Ort sieht da anders aus und ist – Gott sei Dank – schon einen Schritt weiter. Zum Beispiel im Religionsunterricht. Kennt die rechtliche Vorgabe bisher nur den konfessionellen Unterricht, bei dem Schüler, Lehrer und Lehrplan demselben Bekenntnis angehören, so lässt sich diese Bedingung immer weniger aufrechterhalten.[7]

Die volkskirchliche Epoche ist endgültig vorbei, was sich unter anderem an der wachsenden Zahl ungetaufter Kinder und Jugendlicher ablesen lässt (von der ebenfalls gestiegenen Zahl moslemischer u.a. Schüler einmal abgesehen).

So wird etwa in den berufsbildenden Schulen, die immerhin rund 80 % aller Jugendlichen absolvieren, vielerorts der Religionsunterricht sinnvollerweise nur noch im Klassenverband erteilt, nicht mehr nach Konfessionen getrennt. Diese Tendenz ist steigend und signalisiert einmal mehr an die Kirchenleitungen, sich buchstäblich ökumenisch zu geben, die Kirchenspaltung zu überwinden und auch den Religionsunterricht *gemeinsam* neu zu definieren. Die Zeit einer abgrenzenden Konfessionalität ist abgelaufen. Das Überleben der Kirchen hängt nicht zuletzt an deren gemeinsamer Hervorhebung dessen, was sie im Glauben verbindet. Gleichermaßen gilt diese ökumenische Ausrichtung neben der Schule auch im Rahmen familiärer Erziehung sowie für jede einzelne Kirchengemeinde.

Henker treten meist in Masken der Gerechtigkeit auf (LB, 67)

Religiosität stand von jeher für Innerlichkeit, für die je individuelle Gottesbeziehung und Heilsgeschichte des einzelnen. Das ist richtig und behält auch weiterhin seine Geltung. Dennoch offenbart sich in unseren Tagen eine globale Weitung des religiösen Horizontes: Unsere gemeinsame und umfassende Verantwortung für Frieden, Gerechtigkeit und die Bewahrung der Schöpfung. Die religiöse Vokabel vom "Heil" lässt sich in letzter Konsequenz nicht allein als eine individuelle Größe verstehen, sondern setzt Gemeinschaft und Solidarität voraus.

So zielt jede religiöse Erziehung auf eine wachsende Sensibilität bei den Heranwachsenden für diese Themen, an die unser gemeinsames Überleben geknüpft ist. Den Glauben weitergeben beinhaltet daher auch immer eine *politische* Option. Gerade heute schulden wir den jungen Leuten eine motivierende Vermittlung von plausiblen Grundwerten, eine Hilfe zur schwerer gewordenen Identitätsfindung und zur Entwicklung einer ethischen Handlungskompetenz. Dann erlangen sie nicht nur die nötige Mündigkeit in Sachen Religion, sie sind auch als mündige Bürger dieses Staates in der Lage, dessen Zukunft verantwortungsbewusst mitzugestalten.[8]

Wir begreifen alles, und deshalb können wir nichts begreifen (AUG, 12)

Das geistige Virus unseres Zeitalters wirkt unweigerlich auch in unseren Kindern und treibt bis zum Erwachsensein vielerlei bedenkliche Blüten. Der bei den Jugendlichen beobachtbare Hang zu einer unkritischen Wissenschaftsgläubigkeit erschwert gerade dem Religionslehrer so manche Stunde. Gegenüber den harten Fakten wissenschaftlicher Forschung, so die vorherrschende Einschätzung, hat die Religion nicht allzuviel an klaren Daten und Erkenntnissen vorzuweisen.

Was hier als Verstehensvoraussetzung fehlt, und darum stets neu untermauert werden muss, ist das Staunen, das Innehalten, das Besinnen, das Wahrnehmen des Geheimnisvollen sowie eine fundamentale Sprachlehre und Symbolkunde.[9]

Die christliche Tradition beinhaltet dazu zwar ein reiches Erbe, doch wurde es (neben dem rationalen Aspekt) nicht gleichstark *mit*überliefert, so dass Angebote zur Meditation, zu autogenem Training, zu Selbsterfahrung usw. heute auf eine breite Marktlücke stoßen. So wird eine ganzheitliche Glaubensweitergabe die *mystische* Dimension des Lebens und der Religion als ein wesentliches Element zu wahren haben.

Wenn ein Wort Fleisch wird, hört es auf, Literatur zu sein
(AUG, 103)

Was blieb eigentlich mehr zu wünsch als diese Inkarnation? Ist doch der Glaube daraufhin angelegt, sichtbar, spürbar und heilend wirksam zu werden. Zutreffend ist es daher auch, wenn man vom christlichen Glauben weniger von einer "Lehre" spricht (die zu lernen und zu befolgen wäre), sondern von einer „Existenzmitteilung" (E. Drewermann) oder von einer *Lebenshaltung*, die sich beispielhaft mitteilt und kreativ ins je eigene Leben übersetzt werden will.

Es geht demnach um eine *handlungsorientierte* Vermittlung des Glaubens, die dem ganzen erst ein glaubwürdiges Gesicht zu geben vermag. Und einiges in Kirche und Theologie wäre noch vom Kopf auf die Füße zu stellen.

Es zeigt sich also: Wir müssen der Krisen-Vokabel nur ihren negativen Beigeschmack nehmen, damit das Positive, das ebenfalls drinsteckt, durchscheinen kann. Zu einer resignativen Grundstimmung besteht jedenfalls kein Anlass, wenn wir den Mut aufbringen, gewohnte Pfade zu verlassen und selber wieder ein „neuer Weg" zu sein. So wurde bereits die Jesus-Bewegung zur Zeit des Neuen Testaments genannt, und manches verbindet uns situativ mit jenen Tagen. Trauen wir uns und Gott doch genauso viel zu!

Anmerkungen:

Karl Dedezius im Nachwort zu dem von ihm herausgegebenen Band "Das große Stanislaw Jerzy Lec Buch" (=LB), Vorwort von Umberto Eco, Goldmann-TB 9568, München 1990, 255. Die andere Lec-Sammlung, aus der hier zitiert wird, wurde ebenfalls von K. Dedezius herausgegeben unter dem Titel "Alle unfrisierten Gedanken" (=AUG), Hanser Verlag, München 1988 (4. Aufl.). Nachfolgend sind beide Werke mit den genannten Kürzeln angegeben.

1) E. Drewermann, Strukturen des Bösen, Bd. 2, Paderborn 1988 (5. Aufl.), XXXI; ders. an anderer Stelle: "Begriffe der Theologie haben in meinen Augen so viel an Wert, als sie Erfahrungen deuten", in: Ders./J. Jeziorowski, Gespräche über die Angst, GTB 1296, Gütersloh 1991, 93

2) Harald Lang in seiner trefflichen Analyse "Bemerkungen zum Gespräch über die 'Krise' bei der Weitergabe des Glaubens", in: Religionspädagogische Beiträge 28/1991, 103-121, 106

3) Ebd., 109

4) So auch eine Tagebuchnotiz von Fridolin Stier vom 26.12.1970:
"Es sprach der Herr zum Papst im Traum:
Die Atheisten, gegen die du eiferst, leugnen mich,
aber ihrer viele tun mein Wort.
Du aber, du eiferst für den Glauben an mich,
bekennst dich zu mir –
vermagst du auch zu erkennen,

dass ich es bin, der es in ihnen tut?
Denn: Ob geglaubt oder geleugnet,
ICH bin der Herr, *ihr* Gott*!"*
aus: Vielleicht ist irgendwo Tag, Freiburg/Heidelberg 1981,87

5) So wäre hier weiter zu unterscheiden zwischen den inhaltlichen Ansätzen und Schwerpunkten einerseits und den didaktisch-methodischen Strukturen andererseits. Auch bliebe noch zu differenzieren, wo das Gesagte mehr für den Religionsunterricht oder mehr für die Gemeindekatechese gilt. Doch gibt es sicherlich in allen Punkten vergleichbare Aufgabenstellungen.

6) So leider nochmals sehr einschränkend betont in der Erklärung der Deutschen Bischöfe "Die bildende Kraft des Religionsunterrichts" vom 27.09.1996. Zur Diskussion um die Konfessionalität vgl. R. Sauer/R. Mokrosch (Hg.), Ökumene im Religionsunterricht, Gütersloh 1994; N. Scholl, RU 2000. Welche Zukunft hat der Religionsunterricht?, Zürich 1993, 162-213

7) In diese Richtung zielt auch das Plädoyer für einen religiösen Basisunterricht (als Neukonzeption des konfessionellen Unterrichts) von Norbert Scholl, Tiefgang für Getaufte und Nichtgetaufte, in: Publik Forum Nr. 16 vom 2.08.1991. Als religionspädagogische Handlungstheorie ähnlich angelegt von Norbert Mette, Identität in universaler Solidarität, in: Jahrbuch der Religionspädagogik 6 (1989), hg. von P. Biehl u.a., Neukirchen-Vluyn 1990, 27-55

8) Vgl. R. Jungnitsch, Und das soll einer glauben, München 1998, Kap. 1

Auszug aus: R. Jungnitsch: Morgen wird man anders glauben, Fromm, Saarbrücken 2014, 39-50

7. Religion: zwecklos!

Wozu überhaupt Religionsunterricht in der Berufsschule (BS)? Schließlich sollen die jungen Leute dort für ihren Beruf vorbereitet werden, da reichen die berufsspezifischen Fächer allemal. Zudem ist Religion sowieso Privatsache, und wer sich dafür interessiert, kann sich andernorts hinreichend darüber informieren. Religion – und auch manch anderes Nebenfach – hat in der Berufsschule faktisch nichts zu suchen, denn hier gelten andere Ziele und Inhalte!

So oder ähnlich ist es nicht selten zu hören. Schon seit langem schlägt dem Berufsschul-Religionsunterricht (BRU) ein derart schneidend-kalter Gegenwind aus Parolen und Stimmungen wirkungsvoll entgegen. Die im Namen der Effektivität beruflicher Bildung vielleicht sogar wohlmeinenden Schlagworte gegen solch nutzlosen Unterricht greifen jedoch pädagogisch als auch bildungstheoretisch nicht nur zu kurz, sie sind in der Sache sogar kontraproduktiv. Dazu in gebotener Kürze ein paar argumentative Anmerkungen.

1. Die Aufgabe der Berufsschule

Die Berufsschule (BS) hat einen Bildungs-, aber keinen Ausbildungsauftrag! Das kann nicht genügend betont werden. Als Partner des dualen Systems beruflicher Bildung soll die BS „die Persönlichkeitsentwicklung der Lernenden" unterstützen, die „berufliche Qualifizierung der Auszubildenden" fördern und die „soziale Verantwortung der jungen Generation" entwickeln.

66

So formuliert es zukunftsweisend das Grundlagenpapier über „Die Berufsschule" des HKM von 1995! Neben dem *fachorientierten Grundwissen* steht also (eigentlich auf gleicher Höhe!) eine *handlungs-orientiertes Lebenswissen* auf dem Plan. Das verlangt ein ausgewogenes Maß an allgemeinbildendem Unterricht. Nicht die (mehr von außen diktierten) Spezialisierungen angesichts der Wandlungen in der Arbeitswelt verleihen der BS Profil und Eigenwert, sondern eine profunde berufsfeldbezogene Grundbildung, die dann berufsspezifisch universell nutzbar ist.

Dieser Auftragslage widerspricht jedoch eine verbreitete Geringschätzung der allgemeinbildenden Fächer in der BS als auch die „folgerichtige" aber inakzeptable Ausfallquote dieses Unterrichts! Besonders auffällig trifft das den BRU.

2. Religion überhaupt

Die Tatsache des Religionsunterrichtes ist nicht, wie manche meinen, ein antiquiertes Privileg der christlichen Kirchen, sondern ergibt sich aus den geschichtlichen Wurzeln unserer Kultur und unseres Bildungssystems sowie aus dem Staatsverständnis unserer Verfassung. Da der Staat sich weltanschauliche Neutralität auferlegt, eine Kultur bzw. eine Gesellschaft jedoch immer schon von bestimmten Denktraditionen (über Mensch, Welt und Werte) geprägt ist, geschieht die Vermittlung solcher Traditionsinhalte im Rahmen einer Delegation an die Träger solcher Traditionen.

„Die Schulen im Lande Hessen erfüllen... ihren Bildungsauftrag, der auf humanistischer und christlicher Tradition beruht" (Hess. Schulgesetz § 2, Abs. 1). „Die Schulen sollen die Schülerinnen und Schüler befähigen, ... die christlichen und humanistischen Traditionen zu erfahren, nach ethischen Grundsätzen zu handeln und religiöse und kulturelle Werte zu achten" (ebd., Abs. 2).

Damit verstärkt sich nicht nur der Ruf nach breiter Allgemeinbildung, es zeigt sich auch gerade für die BS, dass ein verengtes Bildungsverständnis den schulischen Auftrag verfehlt.

Wenn Bildung „die Belehrung und authentische Erfahrung ermöglichende Selbstfindung und –Selbstbestimmung gegenüber dem Systemcharakter der Gesellschaft" sein soll (Hartmut von Hentig), dann wird klar, dass auch die BS nicht einfach nur der Erfüllungsgehilfe arbeitsweltlicher Forderungen und Erwartungen sein darf.

Das eigentliche Anliegen von Bildung beinhaltet also einerseits den stetigen Widerstand gegenüber gesellschaftlicher, politischer, wirtschaftlicher oder sonstiger Vereinnahmung und Verzweckung, andererseits die Förderung einer umfassenden Lebensführungskompetenz. Gerade die weitreichende Verzweckung der BS verhindert faktisch das Erreichen dieses Zieles.

Denn diese Lebensführungskompetenz, also eine „Aufklärung" im besten kantischen Sinne als Grundlage einer autonomen Lebensgestaltung, verlangt deshalb geradezu nach einem uneingeschränkten Blick auf die Wirklichkeit, in der wir uns alle befinden und uns irgendwie „eingerichtet" haben.

Was also lässt das Leben gelingen? Wovon leben wir wirklich? Was zählt? Worin liegt der Sinn?

Die Antwort darauf scheint fast verloren gegangen: Es ist das Nutzlose, das Zwecklose, das, was seinen Wert und Sinn in sich selber trägt! Dazu gehört die Elemente des Zwischen-menschlichen: Freundschaft, Liebe, Treue, Vertrauen. Ebenso sind die Kunst und die Religion hier beheimatet. Immer, wenn bei diesen „Dingen des Lebens" ein Zweck oder Nutzen die Oberhand gewinnt, ist deren Kern schon zerstört. Nur wenn das Gemeinte dich ohne diesen egoistischen Würgegriff entfalten darf, ergeben sich Erfahrungen von Glück und Sinn.

So verstanden ist Religion „nutzlos" – eben nicht weniger als die Liebe. Aber gerade das ist das Wichtigste, was man von ihr sagen kann. Wo sie der Versuchung eines Zweckes erliegt, wird sie zur Ideologie. Von solchem Missbrauch gibt es genügend Beispiele bis in unsere Tage. Derartigen Abwegen kritisch zu begegnen und umgekehrt dieses „Webmuster" menschlicher Existenz nachhaltig weiter zu reichen ist „Bildung"! Der Mensch, so die Bibel, lebt eben nicht nur vom Brot allein. -

Ähnlich betonten vor Jahrzehnten auch Adorno und Horkheimer, dass eine „intrumentelle Vernunft", die sich exklusiv an der Zweck-Mittel-Relation orientiert und auf technische Verfügbarkeit usw. ausgerichtet sei, letztlich zur totalen Herrschaft und zur Barbarei führe.

Das, was der Arbeiter und Ungebildete braucht, und was gerade Sie als Lehrer ihnen bringen helfen müssen, ist Glaube, ist Religion, ist Einsicht in die einfache Tatsache, dass es zwischen und über den Menschen und Ständen ein hohes Gemeinsames gibt, und dass ohne Rücksicht auf dieses Gemeinsame ein menschenwürdiges Dasein unmöglich ist.

Für viele genügt nach wie vor das, was sie an Religion in der Kirche finden können. Wer dem entwachsen ist, muss individueller belehrt werden. Der Arbeiter z.b. darüber, dass er ein armes Tier ist, wenn er seiner Arbeit keinen andern Sinn geben kann als den, dass er dafür zu essen bekommt. Dass seine Arbeit für alle geschieht, also innig teilhat am Ganzen des Volkes und der Menschheit und dass er, je besser er arbeitet, je mehr er die Qualität seiner Arbeit steigert, desto wertvoller ist und außer dem Brot auch eine Erhöhung seines Lebens, eine Heiligung seiner Arbeit erfährt, ist dabei vielleicht der wichtigste Punkt. Dass keiner ihrer Lehrer Ihnen ähnliches zu sagen hat, ist wunderlich.

Hermann Hesse (1951)

aus: Hermann Hesse, Die Antwort bist du selbst. Briefe an junge Menschen, herausgegeben von Volker Michels, it 2583, Frankfurt/M. 2000, S. 354

3. „Reli" in der Berufsschule

Mancher, dem das Fach ein Dorn im Auge ist, verbindet Religion offenbar noch mit wenig motivierenden Erinnerungen und Erfahrungen aus eigenen Schülertagen. Doch die Zeiten, wo den Schülern fast diktatorisch biblische Geschichte und trockene Katechismussätze „auf´s Auge gedrückt" wurden sind lange vorbei. Erst recht in der BS.

Die heutigen Religionslehrer/innen verstehen ihre Arbeit als Hilfe zur Identitätsfindung der Jugendlichen.

Der Unterricht ist sowohl schülerorientiert als auch berufs-feldbezogen, bemüht sich um Aktualität und die Ganzheitlichkeit des Menschen. Und dies alles in einem zunehmend multikulturellen Kontext, der vitaler als früher die Frage nach dem Fremden, nach der anderen Kultur und Religion, nach allgemeingültigen Werten und tragfähigen Lebensmodellen hervorbringt.

Insbesondere für Berufsschüler liegt es nahe, nach der Bedeutung von Arbeit zu fragen und sie in einen plausiblen Deutungsrahmen des Menschseins und der Welt einzubetten. Die Perspektive des christlichen Glaubens ist hierbei ehrliches Bekenntnis und diskutable Positionsbestimmung in einem. Nicht mehr und nicht weniger. Wo sonst als im Religionsunterricht wird so exklusiv über das diskutiert, was „die Welt im Innersten zusammenhält"? Wo sonst bekommen die existentiellen Fragen und Anliegen der Schülerinnen und Schüler einen solch breiten Raum? Wo sonst können sie ihre persönlichen Erfahrungen und Ansichten in den Mittelpunkt stellen und sich mit anderen über „Gott und die Welt" austauschen, um eigene Standpunkte zu erproben und zu festigen? Wo sonst geht es ums Ganze, statt nur um das Naheliegende, Nützliche und Erwartete?

Die BS sollte keine „Fachidioten" entlassen, sondern Heranwachsende, die mit sich und dem Leben etwas anzufangen wissen. Diese Befähigung basiert eben auf mehr als der fachlichen Qualifikation.

Auszug aus: R. Jungnitsch: Morgen wird man anders glauben, Fromm, Saarbrücken 2014, 56-60 (gekürzt); zuerst erschienen in: Berufsschul-Insider (GEW Hessen) Heft 4/2002, S. 8-9

8. Hoffnung für die Religion?

Im Gespräch mit Eugen Drewermann.

Sein Buch *„Hat der Glaube Hoffnung? Von der Zukunft der Religion am Beginn des 21. Jahrhunderts"*, das er trotz der mehr als 320 Seiten etwas untertreibend als „Bändchen" bezeichnet, weil es ohne fulminanten Anmerkungs- und Literaturteil auskommt, trägt wieder einmal – wenn nicht gar verschärft – den Stempel der bewussten Provokation. Drewermann scheut auch hier weder den krassen Vergleich oder die karikierende Überzeichnung noch den sarkastischen Unterton. Alles aber in der gewohnt farbigen, gefühlsbetonten, erfahrungsbezogenen und verbindlichen Sprache. Selbst dort, wo er überzeichnet, darf er immer noch auf Verständnis und Zuneigung beim Leser hoffen, da in und zwischen den Zeilen stets der „Überzeugungstäter" erkennbar bleibt, dem es mit letztem Ernst um die Sache der Religion und des Glaubens geht. Sein Kampf gegen deren Entstellungen, Verengungen und Einseitigkeiten, gegen Missbrauch und Missverständnis umfasst inzwischen über 60 Bücher, hat ihn zum gefragten Theologen in den Medien gemacht, ihn kirchliche Lehrbefugnis und Predigeramt gekostet und sogar die Suspension vom Priesteramt. Ereignisse, die nicht spurlos am Menschen und erst recht nicht am Autor Eugen Drewermann vorbeigegangen sind.

In diesem genannten Buch geht er (meines Wissens) erstmals in einem eigenen Kapitel auf die religiöse Erziehung und den Religionsunterricht ein. Umso interessierter nahm ich das

Angebot des Verlages zu einem Interview auf, das kurzfristig über einen der Mitarbeiter Drewermanns vereinbart wurde. Er selbst führte mich und meine Frau (die mich auf der langen Fahrt begleitete und ebenfalls recht gespannt dieser Begegnung entgegensah) in die bescheiden eingerichtete Wohnung im dritten Stock eines unscheinbaren Paderborner Wohnhauses. Die kurzen flüchtigen Eindrücke auf dem Weg zu seinem Arbeitszimmer bestätigen vollauf das Klischee der Gelehrtenstube, die überquillt von Büchern, Requisiten und ungezählten anderen Dingen, deren Ordnung einem nicht gleich erkennbaren esoterischen Gesetz zu gehorchen scheint und ein Gefühl der Bewunderung für die Fähigkeit des „Durchblicks" beim Besitzer aufkommen lässt.

Eugen Drewermann wirkt an diesem Tag jedoch deutlich angeschlagen. Grippe und Kopfschmerzen plagen ihn, und die Vielzahl von Terminen, Besuchern und Gesprächen hält ihn unter Druck. Dennoch möchte er nicht unhöflich sein, lässt uns Platz nehmen auf der Couch, die vermutlich schon ein Heer von Gästen getragen hat, und wartet geduldig auf die mitgebrachten Fragezeichen.

Ich erzähle ihm kurz von meiner Arbeit als Berufsschul-Religionslehrer und überreiche ihm erklärend die letzte Ausgabe von „rabs", wo über dieses Gespräch dann etwas stehen solle. Meinen Hinweis, dass er doch sicher wisse, wie stark seine Bücher gerade von den Religions-lehrkräften aufgenommen werden, weist er von sich; das sei ihm nicht bekannt. Er lehnt sich, mit einem Taschentuch bewaffnet zurück und lässt mir weiter das Wort.

Ich frage ihn, wie er einem 18jährigen Schüler, der von „Reli" überhaupt nichts hält, die Sache der Religion und des Glaubens plausibel und schmackhaft würde. - Nach längerer Überlegung winkt er verneinend ab. Das könne er so nicht sagen, dazu müsse man die Person genauer kennen, wissen, wovon er träumt, was seine Situation sei, welche Gefühle ihn bewegen, woran er leide usw.

Das sei aber genau die Herausforderung, werfe ich ein, vor der viele Religionslehrer jeden Tag stehen. Und mir wird klar, dass hier gleich ein neuralgischer Punkt für ihn getroffen ist. Was der schulische Religionsunterricht im kirchlichen Auftrag praktiziere, sei doch weithin die fragwürdige Zulieferung weltanschaulicher Elemente für eine ebenso fragwürdige bürgerliche Ideologie. Dies stütze und legitimiere gegenüber den Kindern und Jugendlichen den Status quo einer Welt, in der Hunger, Gewalt und Krieg als unvermeidliche Normalität ausgegeben werden, statt vor allem nach deren religiösen und psychologischen Wurzeln zu fragen. Als aktuelles Beispiel verweist er auf die ersten Amtshandlungen des damals neuen US-Präsidenten George W. Bush, die den militanten Abtreibungsgegnern den Rücken stärkt und auch von konservativen kirchlichen Kreisen begrüßt wird.

Er zitiert einen Vergleich aus seinem Buch: in der Zeit der DDR seien dort über jeden Schüler rund 500 Schulstunden atheistischer Religionskritik ausgegossen worden – mit dem kaum verwunderlichen Ergebnis, dass in diesen „Neuen

Bundesländern" sich eine deutliche Mehrheit als „atheistisch" bezeichnet. Zur selben Zeit seien in der alten Bundesrepublik etwa gleichviele Pflichtstunden Religions-unterricht erteilt worden – mit dem Resultat, dass nur eine erschreckende Minderheit noch an die Kerngehalte der christlichen Botschaft glaube. Die bisherige kirchliche Pädagogik habe offensichtlich versagt und die Menschen faktisch dem Glauben entfremdet. Diese fatale Konsequenz sei die Folge der amtskirchlichen „Verobjektivierung" der Wahrheit, der allseitigen Ausgrenzung des Subjekts, der Proklamation eines autoritären Gottesbildes und der stetigen Verweigerung des Neuen.

Einziger Ausweg aus dieser Sackgasse könne nur sein, künftig die Religion als eine Funktion des Ich zu verstehen und darin die Freiheit und Subjektivität des Menschen ernst zu nehmen.

Mein Nachhaken hinsichtlich der konfessionellen Organisation des RU verschärft eher noch sein negatives Urteil: je schneller sich das überlebe und verschwinde, umso besser. Ob er demgegenüber das Brandenburger LER-Modell für schülergerechter und zukunftsfähiger hält, möchte ich wissen. Dieser Alternative könne er durchaus positive Seiten abgewinnen, meint er kurz und nimmt wieder eine Wende zu seiner eigenen Sicht. Religion könne grundsätzlich nur in der Form einer „Existenzmitteilung" von Person zu Person vermittelt werden, aber nicht als kirchlich reglementierte Religionskunde unter staatlicher Beihilfe. Nur auf diesem Weg könne sie glaubwürdig und wirksam in das Leben integriert werden. Nur wenn Gefühle, Bilder, Träume usw. den ihnen gebührenden

Platz in der religiösen Erziehung einnehmen, könne der Glaube seine verändernde Kraft und sein (im wörtlichen Sinne) heilsames Potential entfalten.

Eine Orientierung der Glaubensvermittlung an kirchlichen Dogmen, Lehrsätzen und Katechismen, die fernab bleiben von jeder konkreten Alltagserfahrung, könne nicht zum gewünschten Ziel führen und behalte den Charakter eines abfragbaren Wissensstoffes, der bei guter Reproduktionsleistung zu guten Zensuren führe, aber existentiell folgenlos bleibe.

Sowohl die konfessionelle Trennung als auch eine lebensferne Didaktik, die sich ausschließlich an kirchenamtlichen Dokumenten und einer dogmatischen Sprache ausrichte, werfe ich zur Verteidigung des BRU ein, sei in den Berufsschulen schon lange Vergangenheit. Auch die Orientierung an den Lebensfragen der Schüler und der Versuch einer Glaubensrede im Sinne der „Existenzmitteilung" sei in dieser Schulform der einzig noch gangbare Weg, um die jungen Menschen für die religiöse Dimension einer Weltdeutung zu öffnen.

Wohlwollend nimmt er meine Einlassung auf und meint, die Berufsschulen seien dann eben die rühmliche Ausnahme.

Wenn die Religion stärker eine „Funktion des Ich" werden müsse, wie können wir dann dem Vorwurf begegnen, es münde schließlich in einer subjektiven Beliebigkeit und der Gottesglaube sei am Ende ja doch bloß eine Wunschprojektion?

Die Furcht vor dem Abgleiten ins Beliebige, so Drewermann, sei typisch für die Institution. Doch das reale Leben sei nicht beliebig, da dauernd Entscheidungen zu treffen seien, und da lasse das Menschliche aus sich heraus nicht jede Beliebigkeit zu. Was Menschen zum Heil brauchen, erweist sich im Vollzug der Lebensgestaltung.

Und die Projektion? Diesem Vorwurf sei man letztlich immer ausgesetzt, er ließe sich nie ganz vermeiden. Das sei auch nicht der zentrale Punkt. Es gehe darum, wie Jesus das Leben aus einer unbedingten Vertrauensoption heraus zu leben und dieses Gottvertrauen all den angstbesetzten destruktiven Kräften dieser Welt entgegen zu stellen. In dieser praktischen Antwort auf die Sehnsüchte des Menschen nach einer „anderen" Welt, einem guten Leben, nach Erfüllung und Erlösung, verliere sich von selbst jede theoretische Frage nach Gott, jede metaphysische Spekulation. Ihr werde durch die konkreten Erfahrungen der Nährboden entzogen.

Wiederholt dreht sich das Gespräch um die Möglichkeit der Gottesrede überhaupt. Dazu sind für ihn zwei biblische Impulse zunehmend wichtig geworden. Zum einen die Erfahrung des Elija in 1 Könige 19, wo der Prophet am Berg Horeb zu einer Gotteserfahrung findet, die in ein „verschwebendes Schweigen" mündet; und gerade in diesem Unausgesprochenen spreche sich Gott aus – jenseits aller unserer Bilder, Begriffe und Erwartungen. Für Eugen Drewermann spiegelt sich in solchen Texten eine universale religiöse Erfahrung, die er z. B. auch bei

Laotse wiederfindet: „Das Tao, das sich aussprechen lässt, ist nicht das ewige Tao."

Der zweite Angelpunkt ist die Zusage, die Gott dem Mose gibt (Ex 3,14): „Ich bin da, als der ich da sein werde". Diese Beistandszusage Gottes könne in ihrer Direktheit gar nicht ernst genug genommen werden. Sie löse die Beziehung zu Gott von aller Menschenabhängigkeit und Entfremdung und ermögliche die Erfahrung eines tragenden Grundes im Leben, der durch „Wasser" und „Wüste" hindurchfinden lässt. Wie Gott in Erscheinung trete, ergebe sich in jeder Situation neu und sei eben nicht festzulegen.

Für diese „Wahrheit" des Glaubens gebe es keinen rationalen Beweis. Das Hinweisen auf diesen Vertrauensgrund im eigenen Leben und die damit gemachten und möglichen Erfahrungen sei die äußerste Grenze des theoretischen Belegens. Das Entscheidende des Glaubens - und damit von Gott - „zeige sich" im solidarischen Vollzug menschlicher Freiheit, die sich der Wahrheit und der Liebe verpflichtet wisse gegenüber allem Lebendigen. Nur auf diesem Wege sei der Religion eine Zukunft zu ermöglichen.

Er sinniert vor sich hin: eigentlich müsse man zum Beispiel nur die ersten Sätze eines Gleichnisses von Jesus den Schülern vortragen und sie dann selber vorbringen lassen, was diese Worte in ihnen auslösen und wachrufen. Die tatsächlichen Wünsche, Sehnsüchte und Hoffnungen, alle faktischen Sorgen, Ängste und Deformationen kämen dann unweigerlich zum Vorschein. Genau in diese Ambivalenzen hinein könne einzig wirksam und glaubhaft von der Hoffnungsoption des christlichen Glaubens gesprochen werden.

Immer wieder schweifen zwischendurch meine Gedanken hinüber in die Schule. Fragen der Umsetzbarkeit dieser Perspektive drängen sich auf, die ich in der Kürze der Zeit weder genau auf den Punkt bringen, geschweige denn auch noch formulieren kann. Manches bohrt und nagt in mir, da es auch meine eigene Unterrichtspraxis erneut anfragt. Ein solches Gespräch gibt eben zu denken.

Die Türglocke signalisiert den Schnittpunkt. Ich verabschiede mich dankbar und trete mit ebenfalls etwas brummigem Kopf wieder in die milde Sonne dieses Wintertages. Hier ist gut atmen.

Zuerst erschienen in: rabs 3/2001, 74-76; später in: R. Jungnitsch: Morgen wird man anders glauben, Fromm, Saarbrücken 2014, 117-123. Hier nun leicht verändert.

9. Jugendliche Weisheit

Eine kleine Erkundung

Dass Kinder und Jugendliche über eigenständige – und ernst zu nehmende - philosophische und theologische Potentiale verfügen ist inzwischen anerkannt. In diesem Kontext ist es natürlich reizvoll, einmal genauer hinzuhören, was junge Menschen heute zum Thema Weisheit zu sagen haben. Gerade weil der Begriff so bedeutungsschwanger und zugleich so nebulös daherkommt.

Selbst nach vielen Jahren des Gesprächs mit Jugendlichen im Religionsunterricht erschien es mir unpassend, über die Beziehung von Jugend und Weisheit etwas allein aus subjektiver Beobachtung und Erfahrung zu formulieren. Ein wenig „Originalton" sollte schon dabei sein. Also entwarf ich einen kleinen Fragebogen, den ich den SchülerInnen mehrerer Klassen vorlegte mit der Bitte um kurze und ehrliche Anmerkungen. Es handelte sich um drei Lerngruppen der gymnasialen Oberstufe und drei Berufsschulklassen, alles Jugendliche im Alter zwischen 16 und 20 Jahren. Fünf Frage-Impulse sollten den Einstieg in die Thematik eröffnen: 1. Mit dem Begriff „Weisheit" verbinde ich …, 2. Weise würde ich einen Menschen nennen, der …, 3. Weisheit erlangt man durch …, 4. Ein konkretes Beispiel für einen weisen Menschen … (Worin besteht seine Weisheit?), 5. Wieweit trägt die Schule zur Förderung von Lebensweisheit bei?

Rund 120 Antwortbögen hatte ich nun zur Verfügung. Was sich dabei abzeichnet, ist teils wohl erwartbar, andererseits aber auch überraschend (Siehe die Tabellen am Ende). Wenn diese kleine Erhebung auch weit davon entfernt ist, repräsentativ zu sein, so verdienen die Antworten als Momentaufnahme dennoch unsere Aufmerksamkeit.

In der gebotenen Kürze möchte ich skizzieren, was ich den gegebenen Antworten entnommen habe. Dann wird nach dem sachlichen Kontext und dem religionspädagogischen Echo auf diese „Weisheiten" zu fragen sein.

Was sich zeigt

Die Assoziationen zum Begriff (1) scheinen zwar etwas klischeehaft, verorten das Gemeinte jedoch realistisch im Bereich der Erfahrung, die über gelerntes Wissen, Intelligenz und Klugheit hinausreicht. Weisheit wird mit dem Alter verknüpft, mit der Vielheit des Erlebten und Erlittenen. Wer „viel erlebt und durchgemacht" hat, dem wird zugetraut, hilfreiche Ratschläge geben und „gute" Entscheidungen treffen zu können. Weisheit wird damit auch in ihrem zwischenmenschlichen Charakter wahrgenommen: Weise ist jemand letztlich nur in den Augen anderer, sofern sie aus seinem Reden und Handeln für das eigene Leben nachhaltig Orientierung finden.

Diese Einordnung setzt sich fort in der projektiven Vorstellung eines weisen Menschen (2). Er handelt besonnen, bleibt „auch in schwierigen Situationen ruhig", verfügt über genügend Menschenkenntnis (auch im Blick auf die eigene Person), um „das Beste in anderen fördern" zu können. Er hat seine „Mitte" gefunden in der Auseinandersetzung mit den „wichtigen Fragen des Lebens". Weisheit ist also das Ergebnis eines

Reifungsprozesses, bei dem um die Unterscheidung von Sein und Schein sowie die Entfaltung einer Gestaltungskompetenz für das eigene Leben geht. Wer dann „mit sich und der Welt in Einklang lebt" vermag auch anderen seine stützende Hand zu reichen.

Mit älteren Augen betrachtet mag diese Umschreibung natürlich etwas zu idealistisch und klischeehaft gedacht erscheinen, dennoch wird wohl niemand bestreiten wollen, dass hier intuitiv (?) Richtiges zur Sprache kommt. Jede Lehrkraft möge sich erinnernd fragen: Was hätte ich damals mit 18 Jahren darüber zu sagen gewusst? Dass die genannten Aspekte der Weisheit zwar sachlich zutreffen mögen, aber nicht exklusiv (und fast automatisch) mit einem hohen Alter verbunden sein müssen, und dass auch ein als weise angesehener Mensch letztlich nur *seine* Wahrheit gefunden hat – das darf ja ruhig als mit der Zeit sich ergebende Differenzierung von Weisheit gelten. Jedenfalls erlebe ich immer wieder Jugendliche, die über eine vergleichsweise erstaunliche „Reife" verfügen, um es mit einem Begriff zu versehen, der offenbar eine gewisse Verwandtschaft mit der „Weisheit" besitzt.

An dieser Stelle drängt sich wie von selbst der Gedanke auf, woher die Heranwachsenden überhaupt ihre Vorstellungen von Weisheit beziehen und wie man sie denn erlangen könne (3). Die dazu benannten Elemente dürften sicher konkreten Beobachtungen und Erfahrungen entlehnt sein. Das meistbenutzte Stichwort „Lebenserfahrung" wird quasi durch weitere Nennungen erläutert: Das Lernen aus den alltäglichen

Widerfahrnissen, vorrangig sogar aus den schmerzlichen und leidvollen - und natürlich aus den eigenen Fehlern. Das setzt Offenheit und Mut voraus. Deutlich wird aber auch, dass Lebensweisheit immer über das Ego, den eigenen Denkhorizont und Erfahrungsraum hinausgreift: Denken, Wissen, Bildung, Neugier, Kommunikation, Zuhören, Reisen, Mitgefühl usw. – diese Stichworte markieren hinreichend den gesunden Realitätssinn der jungen Leute.

Wer bei der Frage nach konkreten Personifikationen der Weisheit (4) biblische Gestalten oder bekannte Heilige erwartet hat, muss ernüchtert feststellen, dass die Assoziationen merklich andere Richtungen einschlagen. Gandhi, der Dalai Lama, Buddha, Einstein und Nelson Mandela belegen mit Abstand die vorderen Plätze. Dass selbst Gandalf („Herr der Ringe") hier auftaucht, ist nicht verwunderlich, da er (wenn auch fiktiv) schließlich von Tolkien als ein Archetyp des Weisen gezeichnet wurde und in der filmischen Adaption die in unserem Kulturraum allgemeinverbreitete Symbolik eindrucksvoll inszeniert. Die meisten Jugendlichen dürften die Film-Trilogie gesehen haben. Ähnlich verhält es sich mit den Jedi-Rittern der Star-Wars-Saga, so dass folgerichtig auch Joda hier genannt wird.

Die biblische Weisheitstradition wird lediglich - und ganz sporadisch - durch Jesus und König Salomon vertreten, ebenso beiläufig gefolgt von Martin Luther King, Martin Luther und Papst Benedikt. Diese assoziative Fremdheit zu Bibel und Kirche bei mehrheitlich getauften und langjährig mit Religionsunterricht „versorgten" Schülern muss schon zu denken geben. Wieso verknüpfen sich die großen Leitgestalten des Christentums so wenig mit dem Begriff der Weisheit – zumindest im kollektiven Gedächtnis unserer Breiten?

Umgekehrt zu den teils medienbedingten Favoriten klingt es schon beinahe wohltuend, dass auf den vorderen Rängen auch noch die Eltern und Großeltern zu finden sind. Mögen die großen Sockel-Gestalten durch außergewöhnliche Taten, Erkenntnisse und Lebensgeschichten ausgezeichnet sein, so bleiben sie doch mit dem Makel der räumlichen und zeitlichen Ferne behaftet. Man kann interessiert ihre Schriften studieren und vielleicht auch davon profitieren, aber es ist keine unmittelbare Begegnung. Die kommunizierten Lebenserfahrungen in der eigenen Familie sind da ungleich authentischer. Weisheit hat viel mit dem konkret geteilten Leben zu tun, mit gemeinsamen und vergleichbaren Erfahrungen, die einer in Worte gefassten Einsicht erst zu ihrer Glaubwürdigkeit verhelfen. Es geht immer um reale Personen, alltägliche Erfahrungen und die solidarische Vermittlung von Erkenntnissen. Das wissen und spüren auch die Jugendlichen unserer Tage.

Der Anteil der Schule an der Entdeckung und Entfaltung von Lebensweisheit (5) wird sehr unterschiedlich beurteilt. Viele Antworten attestieren der Schulzeit nur „sehr wenig" Beitrag in der Sache. Das ist insofern konsequent, als in den vorherigen Anmerkungen die Vorstellung von Weisheit primär mit Alter und Erfahrung gleichgesetzt wird. Dementsprechend empfinden wohl viele Jugendliche ihren Weisheits-Status noch in den Anfängen. Eine gewisse Korrektur erfährt diese Wertung allerdings in zahlreichen anderen Nennungen. Hier wird der Schule als Bildungseinrichtung die nützliche Vermittlung von Wissen und Werten zugesprochen, auf denen sich weiteres Lebenswissen aufbauen lässt: Sie hilft, „den Horizont zu erweitern und Neugier zu wecken". Andere Urteile haben mehr das personale Miteinander im Blick und werten die lange Schulzeit als prägenden Raum sozialer Lern-Erfahrung „für den Umgang mit sich und den anderen". Die Rolle der Lehrkräfte wird (wenn auch nur vereinzelt) insbesondere hinsichtlich ihrer Persönlichkeiten – ihrer *menschlichen* Kompetenz – betont: Manche „Lehrer-kommentare, die Lebensweisheiten enthalten", bleiben wirksam in Erinnerung. Aber es kommt eben „drauf an, wie weise der Lehrer ist und Weisheit rüberbringt". Das Bild rundet sich ab: Die jungen Menschen begreifen sehr wohl, wie wichtig die schulische Bildung und ein solides Grundwissen ist, doch was im Leben zählt, woraus sich wirklich gut leben lässt, ist im üblichen Lernstoff noch nicht erschöpft. Die Lehrkraft kann aus ihrem Mehr an Jahren und Erfahrung durchaus zu einer nachhaltigen Quelle für die Lebensgestaltungs-Kompetenz ihrer Schüler werden.

Das gilt sicherlich in besonderem Maße für den Religions-unterricht. Zumindest wird das Fach in diesem Zusammenhang partiell genannt, wobei das „Kennenlernen anderer Religionen und Kulturen" zur Förderung von Lebensweisheit besonders hervorgehoben wird.

Was gilt nun in der Sache?

Wie verhält sich aber die jugendliche Sicht auf die Weisheit zur philosophischen und theologischen Tradition? Wie stellt sich das Thema in religionspädagogischer Perspektive dar? Welche fachlichen „Basics" gilt es zu berücksichtigen? Wie sähe eine entsprechende Lernsequenz aus, die vermuten lässt, die Schüler würden daraus an Lebensweisheit gewinnen? usw.

Wer sich nun – vielleicht mit unterrichtlichen Absichten – auf die Suche macht, um die Sache mit der Weisheit etwas aufzuhellen, wird in religionspädagogischen Nachschlagewerken teils ergebnislos bleiben. Weder das *Lexikon der Religionspädagogik* (2001), noch das *Neue Handbuch religionspädagogischer Grundbegriffe* (2002) liefern eine erste Auskunft. Auch in neueren Handbüchern zur Religionsdidaktik sucht man das Stichwort vergeblich. Dieses Manko mag sich vielleicht dadurch ergeben, dass das Thema Weisheit in vielen anderen verwandten Inhalten wie ein mitlaufender Faden enthalten ist. Über Glück und Sinn, Liebe, Freundschaft, Vorbilder, Moral, Tod etc. lässt sich kaum sprechen, ohne irgendwelche „Weisheiten" in Form von Sprüchen und Zitaten einfließen zu lassen.

In renommierten theologischen Quellenwerken sieht es nicht unbedingt besser aus: Im *Neuen Theologischen Wörterbuch* von Herbert Vorgrimler (2000) findet sich ein kurzer Artikel, während das sonst hervorragende *Neue Handbuch theologischer Grundbegriffe* (2005) wieder völlig schweigsam bleibt. Dagegen fehlt der Begriff in keinem philosophischen Wörterbuch. Und wer kein Buch, sondern die Maus zur Hand nimmt, wird an vielen Stellen des Internets fündig.

Eine abschließende Klärung geisteswissenschaftlicher Begriffe bleibt naturgemäß schwierig. Man muss sich mit Annäherungen begnügen. Aber das belegt seinerseits schon die Abgründigkeit der Sache.[2] Als bescheidener Versuch einer Art Quintessenz lässt sich jedoch festhalten: Weisheit …

- meint ein umfassendes Verständnis des Daseins, das durch reflexive Auseinandersetzung mit der oft auch leid-vollen Komplexität und Widersprüchlichkeit des Lebens genährt wird.

- zeigt sich durch eine hochgradige Kompetenz in den fundamentalen Fragen des Lebens, wozu meist ein überlegenes Wissen gehört und eine besondere Urteilsfähigkeit in schwierigen Situationen sowie über die Gestaltung und Deutung des Lebens.

- gehört seit Anbeginn zentral zu den treibenden Motiven aller philosophischen und religiösen Bemühungen, da sie nach einem „Wissen" um die wesentlichen Wahrheiten strebt, nach Ursprung, Sinn und Ziel der Welt und des einzelnen Lebens.

- will aus den Einsichten über die verborgene „Ordnung der Dinge" überleiten zu Handlungsorientierungen für ein gelingendes Leben, zielt also letztlich auf – religiös gesprochen: das Heil des Menschen.

- ist jedoch mehr und anderes als vernünftig-pragmatische Lebenskunst, mehr als positives Wissen und Klugheit.

- führt zur Kunst der Unterscheidung von Sein und Schein, gut und böse, richtig und falsch.

- verhilft zu Anerkennung und Integration von Bedingtheit und Relativität des Daseins, vermag Balancen zu halten zwischen dem persönlichen Nutzen und dem allgemeinen Wohlergehen.
- ist als solche nicht lehrbar, sie „vermittelt sich" in Offenheit und Anteilnahme des Mit-lebens. „Weisheit, die ein Weiser mitzuteilen versucht, klingt immer wie Narrheit" (H. Hesse). Jede Weisheits-Lehre bleibt stets Angebot und Medium, ein Wegweiser, der mich einlädt, diesen Weg *selber* zu gehen.
- lässt sich „trainierend" fördern durch Achtsamkeit und Meditation, durch Besinnung und Rückkehr in die Mitte.
- weitet und schärft den Blick für das Wesentliche, das Schöne und Sinnvolle.
- darf jedoch als Höchstform menschlicher Erkenntnisfähigkeit ihrerseits nicht absolut gesetzt werden. Der Weise bleibt sich der Grenzen seiner Einsicht bewusst. Biblisch zugespitzt: „Niemand soll sich etwas vormachen! Wenn es welche unter euch gibt, die sich nach den Maßstäben dieser Welt für weise halten, müssen sie erst töricht werden nach diesen Maßstäben, um wirklich weise zu sein. Was die Menschen für Tiefsinn halten, ist in den Augen Gottes Unsinn" (1 Kor 3,18f).
- ist (auch trotz dauerhaft disziplinierter Bemühung) nicht exklusiv erarbeiteter und verfügbarer Besitz, sondern letztlich erworbene Gabe, die als soziale Aufgabe verstanden werden will. Die Bibel betrachtet die Weisheit als eine göttliche Kraft, die in einem Menschen „wohnen" kann. Das Neue Testament schließlich sieht in Jesus die „Weisheit Gottes" ultimativ repräsentiert.

Also: Weisheit in der Schule?

Eindeutig Ja! Parallelen und Anknüpfungspunkte zwischen Sache und jugendlicher Sicht sind auffällig genug. Was bedeutet das speziell für den Religionsunterricht?

Der Schlüssel zur Vermittlung von eigentlichem Lebenswissen liegt – neben der inhaltlichen Auseinandersetzung mit existentiellen Fragen – in der Person des Vermittlers selbst, seinen menschlichen Qualitäten, seiner kommunikativen Kompetenz und seiner „Nähe" zu den SchülerInnen. Was dabei an „Weisheit" explizit zur Sprache bzw. was zwischenmenschlich irgendwie zum Ausdruck kommt, ist seinem Wesen nach sowieso „zwischen den Zeilen" beheimatet und wird von jedem Einzelnen nach seinem Maß wahr- und aufgenommen. Derartige Bildung von Herz und Gemüt liegt zum Glück immer jenseits aller lerntechnischen Überprüfbarkeit - und weithin auch abseits eigener Benennbarkeit des Gelernten. Überhaupt ist es das prägende Siegel des Religionsunterrichts, dass er es über das nötige Sachwissen hinaus – und konträr zum Zeitgeist – mit faktisch „nutzlosem" (aber sinn-vollem) Wissen zu tun hat, das eben keiner direkten äußerlichen Verwertbarkeit unterliegt. Doch genau darum bewegen sich die Inhalte dieses Faches näher am eigentlichen Lebensnerv. Was daher nachhaltig vom Unterricht „hängen" bleibt, darf getrost (klassisch religiös gesprochen) als Wirken des Heiligen Geistes erhofft und gedeutet werden, der seinerseits schon längst seine Wege sucht und findet – auch in Kindern und Jugendlichen.

Die Ergebnisse des Fragebogens:

---

(1) Mit dem Begriff „Weisheit" verbinde ich...

Meist genannt:
- ältere Menschen, die viel erlebt und durchgemacht haben
- Lebenserfahrungen
- Erfahrungen teilen
- Ratschläge geben können
- auf jede Frage eine Antwort wissen
- Klugheit
- viel Wissen
- schlau sein
- gute Entscheidungen treffen
- Intelligenz

Auch erwähnt:
- Stein der Weisen
- alter Mann mit Vollbart
- Wissen über die Welt und die Vergangenheit
- Kennen vieler Orte und Kulturen
- charakterliche Reife
- gesellschaftlich korrekt handeln
- innere Ruhe gefunden haben
- moralisch handeln
- Menschenkenntnis
- Sinn des Lebens verstanden haben
- mit sich im Reinen sein

---

(2) Weise würde ich einen Menschen nennen, der...

Meist genannt:
- sehr alt ist und viel erlebt hat
- viel Wissen besitzt
- anderen einen guten Rat geben kann
- genau weiß, was er tut
- klug handelt
- gute Ideen für die Menschheit hat
- auch in schwierigen Situationen ruhig bleibt und Antworten weiß
- sich mit wichtigen Fragen des Lebens auseinandergesetzt hat und Antworten weiß

Auch erwähnt:
- das Richtige tut aus richtigem Grund
- großes Wissen über Menschen hat
- weiß, zu was er fähig ist
- die innere Mitte gefunden hat
- das Beste in anderen fördern kann
- vorausschauende Entscheidungen trifft
- bedacht handelt und die Auswirkungen kennt
- mit sich und der Welt in Einklang lebt

(3) Weisheit erlangt man durch...

Meist genannt:
- Lebenserfahrung
- Lernen vom Leben
- Lernen aus Erfahrungen und Fehlern
- Wissen und Denken
- Lesen und Bildung
- Kontakte und Kommunikation
- Interesse und Neugier
- Schicksalsschläge
- Offenheit zum Leben
- Glauben

Auch erwähnt:
- Allgemeinwissen
- Reisen
- Vermittlung der Eltern
- Zuhören
- Wollen und Ausprobieren
- moralisch gutes Empfinden
- Mitgefühl
- Intelligenz
- Hinterfragen
- Kompromiss-bereitschaft
- Menschenkenntnis
- Selbstbewusstsein
- Charakterstärke
- man kann sie nicht erlangen, sie kommt einfach

**(4) Konkretes Beispiel für einen weisen Menschen...
(Worin besteht seine Weisheit?)**

Meist genannt:
- Gandhi
- Gandalf
- Dalai Lama
- Buddha
- Nelson Mandela
- Einstein
- Oma und Opa
- meine Mutter
- mein Vater
- Shaolinmönch

Auch erwähnt:
- Martin L. King
- Luther
- Jesus
- Joda
- Konfuzius
- Aristoteles
- Newton
- König Salomon
- Papst Benedikt XVI.
- Angela Merkel
- Wissenschaftler
- gläubiger Mensch
- Mittelalter-Filme
- wer sein Leben selbst in die Hand nimmt
- jeder ist auf seine Art weise
- alter Mann mit viel Lebenserfahrung
- wer sehr gebildet ist und eigene Weltsicht hat
- Lehrer, der uns Wissen vermittelt
- Filme, in denen alte Menschen die jungen belehren

(5) Wieweit trägt die Schule zur Förderung von Lebensweisheit bei?

Meist genannt:
- nur (sehr) wenig
- sie lehrt Grundweisheit, auf die man aufbauen kann
- durch gelerntes Grundwissen
- durch Wissen und Bildung
- einiges, da man hier Erfahrungen sammeln kann
- sie vermittelt Wissen für den Umgang mit sich und anderen
- sie hilft, den Horizont zu erweitern und Neugier zu wecken
- sie versucht, Werte zu lehren
- hilft lernen, wie man Erfahrungen einstuft und verkraftet
- durch Religion

Auch erwähnt:
- Weisheit muss man sich selbst aneignen
- durch Lehrer-Kommentare, die Lebensweisheiten beinhalten
- kommt drauf an wie weise der Lehrer ist und Weisheit rüberbringt
- Kennenlernen anderer Religionen und Kulturen

Erschienen in: KatBl 138 (2013) 424-430; später in: R. Jungnitsch: Morgen wird man anders glauben, Fromm, Saarbrücken 2014, 106-116. Hier nun leicht verändert.

10. Eigentlich ganz einfach

Was nötig ist, um Religionslehrer/in zu sein.
Ein „Brief" zur Orientierung und Ermutigung von einem
„älteren Kollegen" für Studenten und Berufsanfänger

Liebe junge Kollegin, lieber junger Kollege,

Du hast Dich für einen wunderbaren und anspruchsvollen Beruf entschieden, bei dem man wirklich noch von einer Berufung im eigentlichen Sinn sprechen darf. Mit jungen Menschen „über Gott und die Welt" zu sprechen ist in unseren Tagen sicher kein üblicher Inhalt mehr in der alltäglichen Kommunikation. Die meisten Deiner jugendlichen SchülerInnen werden nicht mehr sonderlich beschlagen sein in Sachen Religion, teils werden sie sogar ziemlich allergisch reagieren, wenn sie das Fach auf ihrem Stundenplan registrieren. Sporadische Kenntnisse, unzureichend verdautes Halbwissen und vielerlei klischeehafte Wahrnehmungen werden Dir in der Klasse begegnen. Das macht die Sache nicht eben leichter.

Aber was ist eigentlich Deine „Sache"? Worum geht es letztlich im Religionsunterricht? Und wie lässt sich mit jungen Leuten über den Glauben, über Gott, Jesus, die Bibel, die Kirche usw. reden, wenn sie zu alledem ein erkennbar distanziertes Verhältnis haben? Wie lässt sich also Religion „unterrichten"?

Auf all diese und weitere Fragen kann und will ich an dieser Stelle gar nicht erklärend eingehen. Das bräuchte wesentlich mehr Raum, das direkte Gespräch − oder besser noch: die unmittelbare Begleitung in der schulischen Praxis.

Ich möchte hier vielmehr ein paar Gedanken ausbreiten zu den drei Grundpfeilern dieses Berufes, die Dich einladen wollen zum Nachspüren und Weiterdenken. Einsichten aus langjähriger eigener Erfahrung. Meine Erfahrungen habe ich im Bereich der Berufsschule sammeln dürfen, aber ich denke, diese grundlegenden Wahrheiten gelten für jede Lehrkraft dieses Faches, egal in welcher Schulform, Jahrgangsstufe oder auch Konfession. Ohne diese drei tragenden Säulen, so scheint mir, lässt sich kein glaubwürdiger und fruchtbarer Religionsunterricht gestalten.

Die *erste Säule* betrifft Deine Grundhaltung gegenüber den Schülern. Wer oder was sind sie für Dich? Wie nimmst Du sie wahr? Wie möchtest Du wahrgenommen werden? Mit welchem Gefühl stehst Du vor ihnen? Welcher Art ist Deine Beziehung zu ihnen aufgrund der vorgegebenen schulischen Rollenverteilung? Welche Beziehung zu ihnen versuchst Du zu erreichen? Wieviel Nähe und Vertrautheit ist gewünscht, wieviel zulässig? usw. Jeder Unterricht ist auch Beziehungsarbeit. Das verlangt Zeit und Geduld.

Entscheidend ist daher der „Hintergrund", auf dem sich dieses Miteinander ereignet, von dem aus Dein Reden und Handeln gefärbt wird. Wer mit jungen Menschen arbeitet, braucht dazu u.a. ein reichliches Maß an Motivation, an Lust und Leidenschaft, an Einfühlungsvermögen und Verstehenwollen, an Nachsicht und Zuneigung. Das gehört alles – grob sortiert – in die Schublade „soziale und pädagogische Kompetenz". Die im engeren Sinne „fachlichen Kompetenzen", die sich eher auf

Inhalte, Methoden und Unterrichtstechniken beziehen, sind hier also noch gar nicht im Blick, bleiben aber ohne die entsprechende Grundhaltung formal und seelenlos. Um wieviel mehr muss das gelten, wenn der Bezugsrahmen des Unterrichts der Glaube an die Menschenfreundlichkeit Gottes ist!

Ich möchte das Stichwort Zuneigung sogar noch erweitern und vertiefen – und scheue mich nicht, das Gemeinte mit dem (abgegriffen wirkenden) Wort „Liebe" zu benennen. *Du sollst Deine Schüler lieben!* Das mag idealistisch-übertrieben wirken und bleibt einem verfehlenden und klischeehaften Beigeschmack ausgesetzt. Doch es geht hier nicht um Gefühlsduselei! Es geht um Menschenliebe im jesuanischen Sinn, um ein bedingungsloses Wohlwollen gegenüber dem Nächsten. Das hat zwar auch immer mit Gefühlen zu tun, reicht aber weit über flüchtige und wankende Gefühlslagen hinaus. In jeder Freundschaft und Partnerschaft ist das nicht anders.

Wenn Du also vor Deinen Schülern stehst, so tust Du das als Vertreter der Institution Kirche, mehr aber noch als Vertreter der ziemlich herausfordernden religiösen Botschaft, dass Gott es gut mit der Welt und den Menschen meint und dass wir uns alle wie gute Geschwister verhalten sollen. Jesus hat das so gelehrt und gelebt. Christen sagen, er habe dadurch quasi Gott verkörpert und erfahrbar gemacht. Ohne diesen Anspruch zu hoch hängen zu wollen, bleibt es trotz all unserer Schwächen der angesagte Weg. Als christliche(r) ReligionslehrerIn trittst Du nicht zuletzt als Glaubender vor die Kinder und Jugendlichen, als jemand, der seinen Glauben ernst nimmt, ihn im Alltag zu leben versucht –

und ihn nun sogar anderen Menschen vermitteln möchte. Ohne Liebe geht da gar nichts!

Die *zweite Säule* lenkt den Blick nochmals ganz exklusiv auf Deine Person. Wie fühlst Du Dich, wenn Dich 25 Augenpaare anschauen und etwas von Dir erwarten? Wie reagierst Du auf skeptische oder gar ablehnende Bemerkungen über Glaube, Kirche, Gott und den Sinn des Religionsunterrichtes? Wodurch fühlst Du Dich getragen oder verunsichert in Deiner Rolle als Religionslehrer/in? Wie verstehst Du überhaupt Deine Rolle? Wie weit decken sich Deine Rolle und Deine Person?

Eines steht fest: Als ReligionslehrerIn kann man sich nicht hinter seinem Fach, den Themen und Inhalten verstecken. In so ziemlich jedem anderen Unterrichtsfach tritt die Lehrperson (je nach Selbstverständnis, Leidenschaft und Offenheit) mehr oder weniger hinter die Sache zurück. Sie muss kein persönliches Bekenntnis ablegen, in der Sache nicht unbedingt „Farbe bekennen", sich im Unterricht jenseits der Rolle nicht wirklich als konkreter Mensch erkennbar machen. Genau das aber gehört zum Dasein als ReligionslehrerIn.

Da es in diesem Fach zentral um Fragen des Glaubens geht, sind die Rückfragen zur Sache und die Anfragen an Deine Person unausweichlich. „Sagen Sie mal, glauben Sie wirklich an Gott?", „Halten Sie das echt für wahr, was in der Bibel steht, dass Jesus auf dem Wasser gelaufen ist, Tote aufgeweckt habe usw.?", „Wie können Sie für eine Religion eintreten, die Hexen und Kritiker verbrannt, Kreuzzüge unterstützt, Waffen gesegnet hat und heute die Kondome verbietet?" usw. usw.

Kritik an der Kirche und ihrer Geschichte zu üben, ist ja keine Kunst. Die Bibel und das christliche Credo richtig zu verstehen verlangt einige Arbeit. Und da heute eine sogenannte religiöse Sozialisation (primär in der Familie) fast völlig ausfällt, kannst Du bestenfalls noch auf ein sporadisches Vorwissen zurückgreifen. Nun aber stehst Du vor den Schülern als jemand, der für sie quasi stellvertretend Kirche und Christentum verkörpert, und sollst Stellung beziehen, Sachen klären, Unwissen beseitigen und Missverständnisse auflösen. Dabei wird Dir Dein Theologiestudium wertvolle Dienste leisten. Aber das bleibt mehr die Außenseite. Stets ist auch danach gefragt, wie Du als gläubiger Mensch dazu stehst, was Du persönlich glaubst, und wieso.

Wenn Du diese Anfragen nicht mit leeren Floskeln und Allgemeinplätzen quittieren möchtest, bleibt Dir nur die maskenlose Wahrheit, Deine Wahrheit! Daher gilt ohne Umschweife: *Sei ehrlich zu Deinen Schülern und sei Du selbst!*

Selbstverständlich hast Du einen kirchlichen Lehr-Auftrag, verfügst über hinreichend theologisches Wissen für die geforderte Sachauskunft. Entscheidender ist jedoch, wie verständlich, authentisch und glaubwürdig Du Dich in diesem Moment einbringst. Junge Leute haben ein untrügliches Gespür für die Echtheit ihres Gegenübers.

Es darf und soll deutlich werden, dass Du selber noch Fragen hast, lange nicht mit allem in der Kirche einverstanden bist, dass Du auch den Zweifel kennst und auch nicht auf alles eine Antwort griffbereit hast. Wenn Deine Schüler durch Deine ehrliche Auskunft verstehen lernen, dass der Glaube keine Akzeptanz schwer verdaulicher Sätze ist, sondern eine Option zur Lebensgestaltung, zu der man sich bekennt und dann auf den Weg macht, um seine Bedeutung immer besser zu verstehen – dann hast bereits viel erreicht. Bekenne, dass auch Du ein Suchender bist und bleibst, dann wirst Du Deine Schüler als ebenfalls Suchende besser verstehen und begleiten können.

Stand bei der ersten Säule die Beziehung im Vordergrund, bei der zweiten die Authentizität Deiner Person, so fokussiert die *dritte Säule* die zu verhandelnde „Sache". Bei welchen Themen fühlst Du Dich (vor allem theologisch) sicher? Um welche Inhalte machst Du – zumindest als Neuling – lieber einen Bogen? Wieso?

Wie eben schon benannt, darfst Du ganz selbstbewusst zu Deinen eigenen Fragen, Zweifeln und Unsicherheiten stehen. Also: *Mut zur Lücke!* Zu Deiner Professionalität wird es gehören, diese Lücken im Laufe der Zeit schrittweise zu verkleinern. Verlangt aber die kirchliche Beauftragung zum Religionsunterricht nicht eine völlige Identifikation mit dem konfessionellen Bekenntnis und sonstigen Vorschriften der je eigenen Kirche? Nun, die institutionelle Kirche ist zwar Dein Auftraggeber (und bei kirchlich Bediensteten auch direkter Arbeitgeber), aber eine Totalidentifikation mit der verfassten

Kirche kann es nicht geben, da sie als geschichtliche Institution eine sehr diesseitige und wandelbare Größe bleibt. Institution und Glaubensgemeinschaft sind nicht dasselbe. Deine konfessionelle Identität als ReligionslehrerIn besteht in der größtmöglichen Identifikation mit der Glaubenslehre der je eigenen Tradition, ausgedrückt im gemeinsamen Credo. Das ist und bleibt der primäre Bezugsrahmen. Nicht mehr und nicht weniger. Du hast keinen Grund, Dich selber künstlich unter Druck zu setzen. Du musst weder alles wissen, noch auf jedes Fragezeichen einen passenden Kommentar in der Tasche haben. Ein „Das weiß ich im Moment nicht so genau" oder „Da muss ich mich selber erstmal schlau machen" haben auch ihre Berechtigung. Die vorrangige Aufgabe des Religionsunterrichtes besteht darin, jungen Menschen behilflich zu sein in der Ausformung ihrer weltanschaulichen, religiösen und ethischen Kompetenzen. Auf dieser Folie haben „Gott und die Welt" reichlich Platz. Aus nahezu jedem Thema lässt sich ein philosophischer, religiöser oder ethischer Impuls herausfiltern. Darüber geben Dir die entsprechenden Lehrpläne einen genaueren Einblick. Bei alledem wirst Du mit der Zeit Deinen ganz persönlichen Stil entwickeln, inhaltlich und methodisch. Erst dann wird es unverwechselbar *Dein* Religionsunterricht geworden sein.

Auf diesem Weg wünsche ich Dir Gottes Segen für ein fruchtbares Wirken!

Aus: R. Jungnitsch: Sie wollen also Religion unterrichten?! Kleine Orientierung für Berufseinsteiger, Norderstedt 2018, 107-112

Zweiter Teil:
Beispiele, wie Vermittlung gelingen könnte

1. Briefe zu einer ersten Klärung

1.1 Die Sprache ist die Quelle aller Missverständnisse - und zugleich unsere wichtigste Verbindung

Manchmal ist es wie verhext: Da meine ich mich klar und verständlich ausgedrückt zu haben, muss aber dann feststellen, dass ich total missverstanden wurde. Was ich meinte, war beim Anderen einfach nicht so angekommen. Er oder Sie hatte zwar meine Worte gehört, doch wenigstens teilweise etwas Anderes damit verbunden, sie anders interpretiert. Das liegt meistens an unseren unterschiedlichen Wahrnehmungen und Erfahrungen. Wenn ich zum Beispiel „rot" sage, weiß ich nicht, was genau mein Gesprächspartner darunter versteht.

Löst das Farbwort die Vorstellung einer roten Rose aus, denkt er an den Lippenstift seiner Freundin, an das leuchtende Rot eines Abendhimmels oder an was auch immer. Jedenfalls wird er das Wort mit ganz typischen oder auch ganz persönlichen Bildeindrücken verbinden, von denen ich beim Sprechen nichts weiß.

Ähnlich ergeht es uns auch beim gemeinsamen Betrachten eines Kunstwerkes, beim Anschauen eines Filmes, beim Lesen desselben Romans. Schon ein Spaziergang im Wald ist für zwei Menschen nicht dasselbe. Jeder wird auf dem Weg etwas Anderes bemerken.

Einer sieht, hört und riecht Kleinigkeiten, die dem Anderen gar nicht aufgefallen sind. Erst durch den Hinweis, durch das gezielte Einbeziehen der Sprache, kann auch der Andere das Gemeinte erkennen: den entfernt hörbaren Ruf des Kuckucks, das flüchtende Eichhörnchen, das leise Plätschern eines kleinen Baches, das bizarre Astwerk eines alten Baumes.

Durch die Sprache wird also nicht nur eine sachliche Information weitergegeben, sie hilft uns auf ganz grundlegende Weise beim Erkennen. Was wir nämlich nicht mit Worten benennen können, bleibt irgendwie nebelhaft undeutlich.
Wir können das Wahrgenommene dann nicht so recht „packen", es für uns und andere nur ungenügend klarmachen. Es gelangt nicht richtig ins Bewusstsein.

So ist unsere Sprache einerseits ein faszinierendes Medium, das uns miteinander verbindet, das jedoch andererseits auch sehr bewusst und behutsam gebraucht werden muss, damit diese Verknüpfung wirklich funktioniert. Sie ist quasi wie ein Raum, in den wir hineingeboren werden und in dem wir uns lebenslang bewegen. Es geht also wesentlich darum, wie genau wir diesen Raum kennen, seine Besonderheiten wahrnehmen und nutzen. (Hiermit ist vor allem unsere kulturelle Tradition gemeint und nicht so sehr die geografische Verbreitung einer bestimmten Sprache.)
Denn in diesem Raum tummeln sich zahllose und vielfältige Gestalten: Wörter, Begriffe, Redewendungen, Dialekte, Kürzel, Regeln, Zeichen und vieles mehr.

Die Sprache ist schon fast eine Welt für sich. Ein wichtiges Merkmal aller heutigen Sprachen ist aber zweifellos: sie leben! Das bedeutet, es finden Veränderungen statt. Ständig werden neue Wörter bzw. Begriffe gebildet, andere dagegen verlieren mit der Zeit ihren Aussagewert und verschwinden. Regeln werden geändert und manche Wörter bekommen eine völlig neue Bedeutung. Die Sprache spiegelt die Welt der Menschen.

Überlege mal, was hast du über das Phänomen Sprache allgemein (und besonders über deine Muttersprache) herausgefunden, seit du in der Schule begonnen hast, eine fremde Sprache zu lernen?

Mich hat das Hin- und Herspringen zwischen zwei oder mehr Sprachen immer wieder begeistert und zum Staunen gebracht. Wie verschieden die Bedeutungen für ein fremdsprachiges Wort sein können! Und wie viel aufschlussreiche Wurzeln und Verwandtschaften sich bei den alten Griechen und Römern entdecken lassen!

Natürlich weiß ich auch, wie nervig das Lernen von Vokabeln und fremdartiger Grammatik sein kann. Aber lernen wir nicht ein völlig neues Gefühl für Sprache, wenn wir z. B. einen englischen Text ins Deutsche übersetzen sollen? Gerade weil ein Wort oder eine Redewendung mehrere Übersetzungsmöglichkeiten zulässt, müssen wir uns bemühen, den Sinn und den Zusammenhang einer Aussage zu verstehen. Sonst bleibt der Inhalt eben auf der Strecke.

Wenn etwa ein Engländer sagt „It's raining cats and dogs!", dann meint er ja nicht buchstäblich, dass gerade Hunde und Katzen vom Himmel fallen. Er drückt lediglich aus wie heftig der Regen ist.

Wir sagen in diesem Falle eher „Es regnet Bindfäden!", „Es gießt in Strömen!" oder wir sprechen von „sintflutartigen Regenfällen". Nun übersetze einmal diese Ausdrücke ins Englische! Was meinst du, wird ein Engländer dann heraushören?

Wie würdest du es übrigens mit anderen Worten ausdrücken, wenn du jemanden oder etwas als „cool", „krass", „geil" oder „abgefahren" bezeichnest? Was ist ein „Kick"? Wie umschreibst du „Liebe"?

Du merkst schon: Unsere menschliche Sprache ist etwas Besonderes. Sie ist nicht bloß eine Art technisches Hilfsmittel zum Austausch von Informationen. Sie ist viel mehr und vor allem vielschichtiger.

Wir können mit Worten ganz verschiedenes ausdrücken, bezwecken und bewirken. Die Sprache verlangt schon ein gewisses Gespür, damit man selbst die richtigen Worte wählt und umgekehrt beim Zuhören oder Lesen auch das mitbekommt, was mit ihnen transportiert werden soll.

Besonders deutlich werden die fantastischen Möglichkeiten unserer Sprache, wenn wir etwas durch einen bildhaften Vergleich ausdrücken. Die eben zitierte Redewendung aus dem Englischen ist so ein Beispiel. Man nennt das eine Metapher. Im Alltag benutzen wir sehr viele davon. Hier nur eine kleine Auswahl:

* Hast Du schon einmal „auf dem Schlauch gestanden"?
* Oder „auf glühenden Kohlen" bzw. „in der Tinte" gesessen?
* Oder bist gelegentlich „mit der Tür ins Haus gefallen"?
* Wurden dir schon mal „Steine in den Weg gelegt"?
* Oder „Knüppel zwischen die Beine geworfen"?
* Oder ist Dir jemals „eine Laus über die Leber gelaufen"?
* Oder etwas „an die Nieren gegangen"? usw.

Ist Dir klar, was jeweils damit ausgedrückt werden soll?
Du siehst, wie bildreich-verschlüsselt wir oft reden, ohne es zu merken. Das kommt daher, weil wir alle gemeinsam über diese Sprachschlüssel verfügen.

Wir haben gelernt, dass man diesen oder jenen Sachverhalt mit einer solchen Metapher eben ganz treffend auf den Punkt bringen kann - und annehmen darf, dass jeder ziemlich genau weiß, was gemeint ist.
Eine Metapher ist auch ungleich passender als eine umständliche, nüchterne Beschreibung. Sie enthält nämlich in dem benutzten Bild quasi einen „Überschuss" an Bedeutung, einen Spielraum zur Interpretation, den jeder Hörer mit der eigenen Fantasie ausfüllen kann.

Du wirst Dich inzwischen wohl schon gefragt haben, was dieser ganze Ausflug in Sachen Sprache und Geschichten eigentlich mit Religion zu tun hat.

Kurze Antwort: Weil es in der Religion hauptsächlich um tiefgreifende Erfahrungen geht, die in Geschichten überliefert werden.

Die Bibel ist voll davon. Aber sie wird oft missverstanden, weil viele zeitgenössische Leser nicht wissen, wie sie die bisweilen merkwürdig klingenden Geschichten verstehen sollen.

Das ist sachlich gesehen auch nicht verwunderlich. Denn die Bibel ist genaugenommen eine ganze Bibliothek mit über 70 einzelnen Büchern, an denen über 1000 Jahre lang (in Hebräisch, Aramäisch und Altgriechisch) geschrieben wurde.

Sie stammt aus einer längst vergangenen Zeit und einer uns fremden Kultur. Daher verstehen wir ihre Geschichten nicht so selbstverständlich wie das, was wir uns im Alltag zu erzählen haben.

Wenn uns also noch etwas daran liegt, die Bibel als das wichtigste Dokument des jüdischen und christlichen Glaubens wirklich zu verstehen, dann wird es nötig sein, ein paar Brücken zu bauen. Das Wissen um die Eigenarten menschlicher Sprache und den „Untergrund" verschiedener Erzählformen ist schon eine dieser Brücken, vielleicht sogar die wichtigste.

Wer nämlich nicht weiß, wie er einen bestimmten Typ von Geschichten, zum Beispiel ein Märchen, angemessen „lesen" soll, der wird die Bibel wahrscheinlich mit einem ablehnenden Kopfschütteln beiseitelegen. Oder er wird ziemlich willkürlich eine Deutung hineinlesen, die ihm gerade in den Kram passt.

Das nennt man „gegen den Strich bürsten". Aber das ist nicht im Sinne der biblischen Erzähler und geht an der Wahrheit vorbei.

Auszug aus: R. Jungnitsch: Wie soll das einer glauben?, Norderstedt 2018, 9-14

1.2 Adam und Eva waren nicht die ersten Menschen - sie leben immer noch

„Glauben Sie wirklich, dass das ganze Universum in sechs Tagen von Gott gemacht worden ist und dass da zwei erste Menschen in so einem Paradiesgarten herumgelaufen sind und so weiter ...?" - So wurde ich schon oft gefragt.

Unausgesprochen, aber deutlich spürbar, heißt das: Das können Sie doch nicht mit allem Ernst *glauben*! So einen Unsinn kann kein Mensch im 21. Jahrhundert für wahr halten! Das ist doch von vorgestern! Noch nichts von Urknall, Darwin und der Evolution gehört?!

„Natürlich", muss ich dann sagen. „Natürlich weiß ich davon. Das mag ja auch alles richtig sein. Und trotzdem kann ich das glauben, was da in der Bibel steht. Es ist nämlich kein Widerspruch!".

Eine unerwartete Ratlosigkeit des Gegenübers ist die Folge. Wie beides zusammenpassen kann, ist ihm in diesem Moment unvorstellbar. Entweder stimmt das Naturkundebuch oder die Bibel. Beides zugleich geht nicht. Adam und Eva oder der Neandertaler. Das scheinen die Alternativen zu sein, die sich gegenseitig ausschließen. Aber das ist nicht so.

Wer derart die beiden Antworten als Alternativen aufbaut, der ist schon auf dem Holzweg.

Er vergleicht nämlich Äpfel mit Birnen, das heißt, er übersieht, dass hier ein alter *religiöser* Text und *naturwissenschaftliche* Aussagen in Konkurrenz gestellt werden. Das kann nicht passen. Denn in beiden Fällen haben wir es mit Texten zu tun, die von unterschiedlichem Charakter sind, also auch völlig verschiedene Mitteilungen machen. (Erinnerst Du Dich, was wir über Sprache und Geschichten bereits ein wenig beleuchtet haben?)

Stellen wir uns doch einmal (etwas vereinfacht) vor, beide Schriften - also der biblische Text und ein modernes Lehrbuch der Biologie oder Astronomie - seien von nur je *einem* Verfasser formuliert worden. An beide stellen wir nun die gleichen Fragen:

Woher weißt Du das so genau, was Du da geschrieben hast? Wie kommst Du darauf, dass das wahr ist? Welche Beweise hast Du dafür?

Gehen wir der Reihe nach vor und untersuchen zuerst die Auskunft des Naturwissenschaftlers. Was erhalten wir zur Antwort, wenn wir ihn nach seinem Wissen fragen über den Ursprung der Welt, des Lebens und des Menschen?

In knapper Form wird die Antwort in etwa so lauten:

* Am Anfang war der Urknall. Er liegt ungefähr 14 Milliarden Jahre zurück. Er ist der Nullpunkt von Raum, Zeit und Materie. Seit diesem Zeitpunkt dehnt sich das Universum aus.

* Das Zusammenspiel von physikalischen und chemischen Kräften hat über lange Zeiträume hinweg eine nur schätzbare

Zahl von Sternen, Planeten, Monden usw. hervorgebracht. Unsere Erde entstand vor etwa 4,5 Milliarden Jahren.

* Aus ersten einzelligen Organismen, die vor über 3,5 Milliarden Jahren scheinbar zufällig in den Urmeeren entstanden, entwickelte sich eine gigantische Vielfalt von Lebensformen auf unserem Planeten.

* Bestimmte Affenarten entwickelten sich weiter und wurden zu Vorfahren des heutigen Menschen. Die heute lebenden Affenarten und der Mensch haben also gemeinsame Ahnen.

* Die gesamte Entwicklung vom Urknall bis heute muss als ein offener Evolutionsprozess verstanden werden. Die Spielregel der Evolution heißt „Versuch und Irrtum". Wir Menschen sind folglich nicht der krönende Abschluss und stehen auch nicht über oder außerhalb der Natur.

Wir sind Teil von einem großen Organismus, der Erde. Denn alle Dinge und Lebensformen sind auf geheimnisvolle Weise miteinander verbunden.

Das alles ist das Ergebnis von vielerlei Beobachtungen, Berechnungen, Experimenten und Diskussionen über Jahrhunderte hinweg.

Doch weil sich jede Wissenschaft selber als offenen Prozess zur weiteren Vermehrung und Vertiefung des Wissens versteht, hat dieses so gesichert scheinende moderne Weltbild dennoch seine Lücken und Grenzen.

Das kann auch gar nicht anders sein, denn alle Wissenschaft ist Menschenwerk, und der Mensch ist in seinen Erkenntnismöglichkeiten relativ beschränkt. Diese nüchterne Einsicht ist ebenfalls ein Resultat der Forschung.

Was bisher nur unzureichend oder überhaupt nicht geklärt werden konnte, ist:

* Der Grund für den Urknall: Was hat ihn ausgelöst? Was war, wenn man denn so fragen dürfte, vorher? Wird sich das Weltall endlos ausdehnen oder wieder zusammenziehen und mit einem abschließenden Urknall ein neues Universum entstehen lassen? Gibt es vielleicht weitere Universen neben dem unseren?

* Das Zusammenwirken von Materie und Energie: Über den Aufbau der Materie und das Spiel der physikalischen Kräfte herrscht nach wie vor mehr Vermuten als Wissen.

* Das Wirken der uns bekannten Naturgesetze im ganzen Universum: Wie können aus Chaos und Zufall systematische Ordnungen und Strukturen hervorgehen?

* Eine vollständige Beweiskette über den Stammbaum des Menschen: Auch hier fehlen noch wichtige Puzzleteile.

* Das Phänomen Geist: Noch ist weithin unklar, wie es in der Evolutionsgeschichte zu dieser qualitativ neuen Stufe gekommen ist. Wie wirken Geist und Materie zusammen? Ist unser Geist gleichzusetzen mit dem Gehirn? Ist er ein Ergebnis der Gehirnfunktionen oder kann er auch losgelöst vom Gehirn existieren?

Das sind nur ein paar der offenen Fragezeichen. Sie sind zugleich der Motor, der uns Menschen weiter forschen lässt, weil wir unendlich neugierig sind und alles möglichst genau wissen wollen.

Die Grenzen der Wissenschaft und damit aller menschlichen Erkenntnis zeigen sich jedoch nicht vor allem darin, dass die Gelehrten über die Herkunft der Welt, des Lebens und des Menschen hauptsächlich mit Theorien, Hypothesen und Denkmodellen arbeiten. Das ist nicht einmal der entscheidende Schwachpunkt. Unser ganzes alltägliches Denken und Handeln ist nämlich vollgestopft mit Theorien, also Ansichten, Vorstellungen und Annahmen über Menschen, Dinge, Situationen und Zusammenhänge. Diese Theorien sind demnach nicht nur wichtig und notwendig, wir wären ohne sie auch nicht lebensfähig.

Überprüfe es bei Dir selbst! Was weißt du mit absoluter Sicherheit? Wieviel von alledem, was Du weißt, hast Du kontrolliert? Wieviel nimmst Du einfach als wahr und wirklich an? Wie genau ist Dein Wissen über die Menschen, die Dir nahestehen? Wie werden Deine Freunde Dich beschreiben? Woher nehmen sie ihr Wissen?

Der Grund, warum die Leine der naturwissenschaftlichen Erkenntnis faktisch begrenzt ist, liegt in der *Methode*. Die Fragen eines Physikers, Chemikers, Biologen usw. richten sich nämlich ganz sachbezogen ausschließlich auf das *Wie* einer Sache:

Wie verhält sich ein Elektron? Woraus setzen sich die Atome zusammen? Woran orientieren sich die Zugvögel?

Wie weit ist dieser oder jener Stern entfernt? Wie wirkt eine bestimmte Substanz im menschlichen Körper? Und so weiter und so weiter.

Das Interesse des Wissenschaftlers gilt stets dem Aufbau, der Funktionsweise, den Besonderheiten, den Zusammenhängen und letztlich einer technischen, wirtschaftlichen oder gar politischen Nutzung des neuen Wissens. Er untersucht das, was da ist, mit einer bestimmten Absicht.

Aber er fragt als Physiker, Chemiker, oder Biologe nicht nach einem ursprünglichen *Woher* oder nach einem *Sinn* und *Zweck*.

Allein diese methodische Selbstbeschränkung beim Forschen hat die Naturwissenschaften in den letzten Jahrhunderten so erfolgreich gemacht. Sie haben nicht nur unsere heutige Kultur wesentlich geprägt, sondern auch unser Denken, Urteilen und Handeln tiefgreifend beeinflusst. So fordern moderne und aufgeklärte Leute immer gleich einen Beweis, alles muss in einem vernünftigen Rahmen bleiben, soll klar, verständlich, überschaubar und nützlich sein (und natürlich nicht viel kosten).

So berechtigt diese Vorgehensweise auch sein mag, sie erfasst nicht alle Seiten der Wirklichkeit und bleibt daher auch bei Teilwahrheiten stecken.

Es gibt jedoch noch mehr zu sehen, zu erkennen und zu klären. Deswegen stößt die genannte Beschränkung den Naturwissenschaftler recht bald auf Fragen und Probleme, die er allein mit den Mitteln seiner Wissenschaft dann nicht mehr lösen kann:

* So konnten die Chemiker und Physiker, denen vor etwa 80 Jahren die erste Kernspaltung gelungen war, nicht mehr nach wissenschaftlichen Kriterien darüber befinden, wie ihre Entdeckung nun verantwortlich genutzt werden sollte. Politiker übernahmen die Entscheidung und ließen die erste Atombombe bauen. Im August 1945 brachte das Hunderttausenden von Menschen in Hiroshima und Nagasaki den Tod.

* Erst später wurde dieser wissenschaftliche Triumph in Kraftwerke umgesetzt. Aber auch sie bergen tödliche Gefahren. Auch die Diskussion, ob zur Deckung des steigenden Energiebedarfs weitere Atomkraftwerke gebaut werden sollten, lässt sich nicht allein mit physikalischen Argumenten führen.

* Jeder Gentechniker ist als Fachmann der Biologie überfordert, wenn sich die Frage stellt, ob es vertretbar sei, auch Menschen zu klonen. Er kann bestenfalls als Mensch hierzu eine Meinung haben. Aber mit rein biologiewissen-schaftlichen Kriterien vermag er das Problem nicht zu lösen.

* Ebenso lässt sich in Sachen Abtreibung oder Sterbehilfe eine so nachhaltige Entscheidung (über Leben oder Tod!) nicht einfach aufgrund eines medizinischen Befundes treffen.

In all diesen Fällen geht es ja nicht ausschließlich um ein wissenschaftliches oder technisches Problem. Es geht um Entscheidungen, die für die betroffenen Personen weitreichende Folgen haben. Da genügt naturwissenschaftliche Kompetenz allein eben nicht mehr. Es müssen andere Überlegungen angestellt, andere Kriterien berücksichtigt werden, weil es plötzlich um *Wert-Fragen* geht: Darf das, was möglich ist, auch umgesetzt werden? Wie hoch ist der Wert eines Menschenlebens? Ist es verantwortbar, kommende Generationen der Strahlungsgefahr unseres Atom-Mülls auszusetzen? usw.

Schon sind wir bei der Ethik angelangt. Die Ethik ist ein Gebiet aus der Philosophie und Theologie, denkt über das menschliche Handeln nach und stellt die Fragen nach Richtig und Falsch, nach Gut und Böse, nach Gewissen und Verantwortung. Sie hilft Maßstäbe zu entwickeln, die für alle Menschen nachvollziehbar sein sollen.

Nach welchen „Spielregeln" handelst Du im Alltag? Was hältst Du für gut, was für absolut unverantwortlich? Welche Argumente fallen Dir zur Begründung ein? Gibt es etwas, das Du nie tun würdest? Wieso?

Wenn es um die Maßstäbe menschlichen Handelns geht, dann dehnt sich ganz schnell der Horizont des Denkens. Die Fragen werden immer grundsätzlicher. Es geht auf einmal um das Wesen und die Bestimmung des Menschen in dieser Welt, um einen Sinn: Woher? – Wohin? – Wozu?

Das sind die Urfragen von uns Menschen. Darauf Antworten zu suchen ist schon immer das Thema der Religion gewesen. Sie widmet sich dem großen Ganzen und möchte dem Leben eine Perspektive und eine Orientierung geben.

Sie wagt eine Deutung dessen, was die Naturwissenschaft im Dunkel lassen muss, weil es nicht mehr ihr Spielfeld ist: eine Deutung von Ursprung und Ziel von allem.

Genau hier hat die Bibel ihren Platz. Was sie uns über den Anfang erzählt, soll nämlich *keine naturwissenschaftliche Beschreibung* der Urzeit sein. Daran hat sie kein Interesse. Sie bietet einen übergreifenden Zusammenhang, vergleichbar mit dem Bild eines Puzzles, dessen ungezählte Teile noch unsortiert vor uns liegen. Erst wenn wir den Überblick gewinnen, absehen können, welche Teile an welchen Platz gehören, bekommt das Wirrwarr einen Sinn.

Auch wir Menschen sind Teile des großen Welt-Puzzles und haben uns seit jeher bemüht, unseren Platz, unsere Rolle in der Welt zu verstehen. Die ältesten Versuche, die vielen Puzzleteile dieser Welt zu einem plausiblen Weltbild zusammenzufügen und dadurch manches erklärbar zu machen, nennt man Mythen. Auch die Bibel erzählt ihre Schöpfungsgeschichte in der Form eines Mythos! Wer das weiß, wird schon eine Menge völlig falscher Fragen nicht mehr stellen. Die Aussagen der Bilder und Motive der Erzählung sind ja das Eigentliche; sie wollen verstanden werden!

Doch langsam! Wenn du nun wirklich etwas genauer verstehen möchtest, was da über den Anfang der Welt tatsächlich in der Bibel steht, wird es hilfreich sein, wenn du sie einmal ganz ungeniert selber liest. Okay?

Also hier der Text aus dem Buch Genesis (oder: „1. Buch Mose"), Kapitel 1,1 bis 2,25: Aber Achtung! Lies *in* und *zwischen* den Zeilen!

Kapitel 1
1 Im Anfang schuf Gott den Himmel und die Erde;
2 die Erde war aber eine Wüstenei und Öde, und Finsternis lag über der weiten Flut, und der Geist Gottes schwebte über der Wasserfläche.
3 Da sprach Gott: »Es werde Licht!«, und es ward Licht.
4 Und Gott sah, dass das Licht gut war; da schied Gott das Licht von der Finsternis
5 und nannte das Licht »Tag«, der Finsternis aber gab er den Namen »Nacht«. Und es wurde Abend und wurde Morgen: erster Tag.
6 Dann sprach Gott: »Es entstehe ein festes Gewölbe inmitten der Wasser und bilde eine Scheidewand zwischen den beiderseitigen Wassern!« Und es geschah so.
7 So machte Gott das feste Gewölbe und schied dadurch die Wasser unterhalb des Gewölbes von den Wassern oberhalb des Gewölbes.
8 Und Gott nannte das feste Gewölbe »Himmel«. Und es wurde Abend und wurde Morgen: zweiter Tag.
9 Dann sprach Gott: »Es sammle sich das Wasser unterhalb des Himmels an einen besonderen Ort, damit das Trockene (= das feste Land) sichtbar wird!« Und es geschah so.
10 Und Gott nannte das Trockene »Erde«, dem Wasser aber, das sich gesammelt hatte, gab er den Namen »Meer«. Und Gott sah, dass es gut war. –
11 Dann sprach Gott: »Die Erde lasse junges Grün sprossen, samentragende Pflanzen und Bäume, die je nach ihrer Art Früchte mit Samen darin auf der Erde tragen!« Und es geschah so:

12 die Erde ließ junges Grün hervorgehen, Kräuter, die je nach ihrer Art Samen trugen, und Bäume, die Früchte mit Samen darin je nach ihrer Art trugen. Und Gott sah, dass es gut war.
13 Und es wurde Abend und wurde Morgen: dritter Tag.
14 Dann sprach Gott:»Es sollen Lichter am Himmelsgewölbe entstehen, um Tag und Nacht voneinander zu scheiden; die sollen Merkzeichen sein und zur (Bestimmung von) Festzeiten sowie zur (Zählung von) Tagen und Jahren dienen;
15 und sie sollen Lichter am Himmelsgewölbe sein, um Licht über die Erde zu verbreiten!« Und es geschah so.
16 Da machte Gott die beiden großen Lichter: das größere Licht zur Herrschaft über den Tag und das kleinere Licht zur Herrschaft über die Nacht, dazu auch die Sterne.
17 Gott setzte sie dann an das Himmelsgewölbe, damit sie Licht über die Erde verbreiteten
18 und am Tage und in der Nacht die Herrschaft führten und das Licht von der Finsternis schieden. Und Gott sah, dass es gut war.
19 Und es wurde Abend und wurde Morgen: vierter Tag.
20 Dann sprach Gott:»Es wimmle das Wasser von einem Gewimmel lebender Wesen, und Vögel sollen über der Erde am Himmelsgewölbe hin fliegen!«
21 Da schuf Gott die großen Seetiere und alle Arten der kleinen Lebewesen, die da sich regen, von denen die Gewässer wimmeln, dazu alle Arten der beschwingten Vögel. Und Gott sah, dass es gut war.
22 Da segnete Gott sie mit den Worten:»Seid fruchtbar und mehret euch und erfüllet das Wasser in den Meeren, und auch die Vögel sollen sich auf der Erde mehren!«
23 Und es wurde Abend und wurde Morgen: fünfter Tag.
24 Dann sprach Gott:»Die Erde bringe alle Arten lebender Wesen hervor, Vieh, Kriechgetier und wilde Landtiere, jedes nach seiner Art!« Und es geschah so.
25 Da machte Gott alle Arten der wilden Landtiere und alle Arten des Viehs und alles Getier, das auf dem Erdboden kriecht, jedes nach seiner Art. Und Gott sah, dass es gut war. –
26 Dann sprach Gott:»Lasst uns Menschen machen nach unserm Bilde, uns ähnlich, die da herrschen sollen über die Fische im Meer und über die Vögel des Himmels, über das (zahme) Vieh und über alle (wilden) Landtiere und über alles Gewürm, das auf dem Erdboden kriecht!«

27 Da schuf Gott den Menschen nach seinem Bilde: nach dem Bilde Gottes schuf er ihn; als Mann und Weib schuf er sie.

28 Gott segnete sie dann mit den Worten: »Seid fruchtbar und mehrt euch, füllt die Erde an und macht sie euch untertan und herrscht über die Fische im Meer und über die Vögel des Himmels und über alle Lebewesen, die auf der Erde sich regen!«

29 Dann fuhr Gott fort: »Hiermit übergebe ich euch alle samentragenden Pflanzen auf der ganzen Erde und alle Bäume mit samentragenden Früchten: die sollen euch zur Nahrung dienen!

30 Aber allen Tieren der Erde und allen Vögeln des Himmels und allem, was auf der Erde kriecht, was Lebensodem in sich hat, weise ich alles grüne Kraut der Pflanzen zur Nahrung an.« Und es geschah so.

31 Und Gott sah alles an, was er geschaffen hatte, und siehe: es war sehr gut. Und es wurde Abend und wurde Morgen: der sechste Tag.

Kapitel 2

1 So waren der Himmel und die Erde mit ihrem ganzen Heer vollendet.

2 Da brachte Gott am siebten Tage sein Werk, das er geschaffen hatte, zur Vollendung und ruhte am siebten Tage von aller seiner Arbeit, die er vollbracht hatte.

3 Und Gott segnete den siebten Tag und heiligte ihn; denn an ihm hat Gott von seinem ganzen Schöpfungswerk und seiner Arbeit geruht.

4a Dies ist die Entstehungsgeschichte des Himmels und der Erde, als sie geschaffen wurden.

4b Zur Zeit, als Gott der HERR Erde und Himmel schuf,

5 als es auf der Erde noch keine Sträucher auf dem Felde gab und noch keine Pflanzen auf den Fluren gewachsen waren, weil Gott der HERR noch keinen Regen auf die Erde hatte fallen lassen und auch noch keine Menschen da waren, um den Ackerboden zu bestellen –

6 es stieg aber ein Wasserdunst von der Erde auf und tränkte die ganze Oberfläche des Erdbodens –

7 da bildete Gott der HERR den Menschen aus Erde vom Ackerboden und blies ihm den Lebensodem in die Nase; so wurde der Mensch zu einem lebenden Wesen.

8 Hierauf pflanzte Gott der HERR einen Garten in Eden nach Osten hin und versetzte dorthin den Menschen, den er gebildet hatte.

9 Dann ließ Gott der HERR allerlei Bäume aus dem Erdboden hervorwachsen, die lieblich anzusehen waren und wohlschmeckende Früchte trugen, dazu auch den Baum des Lebens mitten im Garten und den Baum der Erkenntnis des Guten und des Bösen.

10 Es entsprang aber ein Strom in Eden, um den Garten zu bewässern, und teilte sich von dort aus, und zwar in vier Arme.

11 Der erste heißt Pison: dieser ist es, der das ganze Land Hawila umfließt, woselbst sich das Gold findet,

12 und das Gold dieses Landes ist kostbar; dort kommt auch das Bedolachharz (= Edelharz) vor und der Edelstein Soham.

13 Der zweite Strom heißt Gihon: dieser ist es, der das ganze Land Kusch umfließt.

14 Der dritte Strom heißt Hiddekel (= Tigris): dieser ist es, der östlich von Assyrien fließt; und der vierte Strom ist der Euphrat.

15 Als nun Gott der HERR den Menschen genommen und ihn in den Garten Eden versetzt hatte, damit er ihn bestelle und behüte,

16 gab Gott der HERR dem Menschen die Weisung: »Von allen Bäumen des Gartens darfst du nach Belieben essen;

17 aber vom Baum der Erkenntnis des Guten und des Bösen – von dem darfst du nicht essen; denn sobald du von diesem isst, musst du des Todes sterben.«

18 Hierauf sagte Gott der HERR: »Es ist nicht gut für den Menschen, dass er allein ist: ich will ihm eine Hilfe schaffen, die zu ihm passt.«

19 Da bildete Gott der HERR aus Erde alle Tiere des Feldes und alle Vögel des Himmels und brachte sie zu dem Menschen, um zu sehen, wie er sie benennen würde; und wie der Mensch sie alle benennen würde, so sollten sie heißen.

20 So legte denn der Mensch allem Vieh und den Vögeln des Himmels und allen wilden Tieren Namen bei; aber für einen Menschen fand er keine Hilfe darunter, die zu ihm gepasst hätte.

21 Da ließ Gott der HERR einen tiefen Schlaf auf den Menschen fallen, so dass er einschlief; dann nahm er eine von seinen Rippen heraus und verschloss deren Stelle wieder mit Fleisch;

22 die Rippe aber, die Gott aus dem Menschen genommen hatte, gestaltete er zu einem Weibe und führte dieses dem Menschen zu.
23 Da rief der Mensch aus:»Diese endlich ist es: Gebein von meinem Gebein und Fleisch von meinem Fleisch! Diese soll ›Männin‹ heißen; denn vom Manne ist diese genommen.«
24 Darum verlässt ein Mann seinen Vater und seine Mutter und hängt seinem Weibe an, und sie werden ein Fleisch sein.
25 Und sie waren beide nackt, der Mensch (oder: „Adam") und sein Weib, und doch schämten sie sich nicht (voreinander).
(Übersetzung: Hermann Menge)

Nun, was ist dir aufgefallen? Welche Gedanken, Gefühle und Bilder hattest Du beim Lesen im Kopf?

Wer sich diese beiden ersten Kapitel in der Bibel aufmerksam und unvoreingenommen anschaut, wird Folgendes feststellen:

1. Die Bibel beginnt mit *zwei* Schöpfungsgeschichten, die jeweils völlig anders klingen und sich vielfach widersprechen.

Grund: Beide Geschichten sind zu unterschiedlichen Zeiten entstanden; die erste (1,1-2,4a) gegen 550 vor Christus, die andere (2,4b-2,25) etwa um 950 vor Christus. Die zweite Erzählung ist also die ältere. Erst später wurden die unterschiedlichen Schriften im Buch Genesis zueinander gefügt.

Dies geschah bewusst, trotz der offensichtlichen Differenzen, da sie von der gleichen Glaubensüberzeugung geprägt sind. Außerdem wurden für die Bibellektüre schon immer *wache* Leser vorausgesetzt.

2. Die Reihenfolge der einzelnen Schöpfungsvorgänge ist jeweils anders. Mal kommt der Mensch am Schluss, mal zu Beginn; mal kommt er vor, dann wieder nach den Tieren usw.

Das zeigt zum einen, dass hier mehrere Verfasser am Werk waren aus verschiedenen Zeiten, mit unterschiedlichen Lebensumständen und daher auch mit einer je anderen Erzählabsicht. Zum Beispiel dient in der ersten Geschichte der Wochenrhytmus als Gerüst und findet am siebten Tag, dem Sabbat, seinen Höhepunkt. Das deutet darauf hin, dass in der Entstehungszeit des Textes schon ein ausgeprägter Sabbat-Kult (ähnlich unserer Sonntagsmesse) existierte.

Und dazu gehörte eine einflussreiche Gruppe von Priestern, die eine Schöpfungsgeschichte aus genau dieser Perspektive erzählen wollten. Darum sprechen die Bibelwissenschaftler auch von der „Priesterschrift".

3. Besonders auffällig ist auch das Auftreten der ersten Menschen. Die erste Geschichte lässt Mann und Frau *gleichzeitig* erscheinen, die zweite (ältere!) benutzt ein altes mythisches Bild von einem Urmenschen, aus dem heraus ihm dann ein weibliches Gegenstück geformt wird.

Gerade dieses merkwürdige Motiv mit der Rippe drückt aus, wie sehr Mann und Frau innerlich aufeinander bezogen sind, einander entsprechen, ebenbürtig und gleichberechtigt sind.

Weil aber nun einmal die Männer diesen Text gerne zu ihrem Vorteil auslegten, das heißt die Vormachtstellung des Mannes mit seiner Hilfe begründeten, hat die spätere Erzählung dasselbe

126

nochmals anders formuliert. Die bedingungslose Gleichberechtigung von Männern und Frauen wird also nicht erst in unserem Grundgesetz (Art. 3) festgeschrieben. Sie steht schon als Forderung am Anfang der Bibel, vor 2500 Jahren!

Den mythischen Stil insbesondere der älteren Erzählung (2,4b-2,25) verrät auch das eigenwillige Spiel mit den Namen. Du wirst es bemerkt haben:

Der Name „Adam" taucht erst am Ende in Vers 25 auf. Die Frau hat hier noch keinen Namen, sie erhält ihn erst im nächsten Kapitel (3,20). In der ersten Schöpfungsgeschichte ist auch nur vom „Menschen" die Rede, nicht von Adam und Eva. Beides sind nämlich keine Namen wie unsere Namen!

Sie bezeichnen keine konkrete Einzelperson, sondern drücken die Eigenart dieser Gestalten aus. Adam (das ist hebräisch) soll als Name mit Absicht ähnlich klingen wie der Ackerboden, der „adamáh" heißt. Denn aus der Erde, dem Ackerboden formt Gott den Menschen (2,7). Insofern wäre es vielleicht treffender (und weniger irreführend) vom Menschen als dem „Erdling" zu sprechen. Alle Menschen sind Erdlinge. Auf diese Weise könnten wir uns in der Geschichte leichter wiedererkennen. Gleiches gilt für den weiblichen Namen. Eva bedeutet „Leben" oder „Mutter aller Lebenden".

Nicht zwei mutmaßliche Menschengestalten aus vorgeschichtlicher Zeit spielen also die Hauptrollen in diesem Stück. Die Geschichte benutzt sie nur stellvertretend für uns. Adam und Eva: das bist Du, das bin ich.

Übrigens finde ich dieses Bild von einem ersten Menschenpaar, von dem wir alle abstammen, immer noch eine großartige Idee. Denn damit sagt die Bibel: alle Menschen sind Geschwister! Wenn dieser Mythos also dazu dient, Frieden zwischen den Völkern zu stiften, weil sie sich endlich als eine große Familie betrachten können, dann hat er seinen Sinn erfüllt. Diese Vertreterrolle wird im anschließenden Kapitel 3 noch deutlicher erkennbar. Schlag einmal nach!

Direkt nach der grandiosen Erschaffung erzählt die Geschichte davon, wie die Menschen sich selber das paradiesische Leben verspielen, indem sie das machen, was Gott ihnen aus gutem Grund untersagt hat. Dabei geht es in dem Motiv vom „Sündenfall" lediglich darum, dass uns Menschen Grenzen gesetzt sind. Wir sollen nicht alles tun, was wir tun können, sondern unseren Hunger nach Macht und Wissen im Zaum halten:

Mit den eigenen Grenzen leben lernen und damit, dass wir nicht alle Rätsel der Welt zu entschleiern vermögen. Manches muss und darf Geheimnis bleiben. Ein Zuwiderhandeln könnte Folgen heraufbeschwören, die wir nicht mehr im Griff haben.

Auch in den folgenden Kapiteln geht es der Bibel immer um sehr typisch menschliche Angelegenheiten (Geschwisterneid, Hass, Schuld, Betrug, Sehnsucht, Verrat usw.). Mit dem Mittel des Erzählens wird den Lesern ein oft schonungsloser Spiegel vorgehalten, in dem sie sich (wir uns!) wiedererkennen sollen - und können, wenn man eben recht zu lesen versteht!

Was ist nun aber, so wirst Du vielleicht jetzt fragen, hinter all den Widersprüchen das gemeinsame „Glaubensbekenntnis" der beiden biblischen Schöpfungsgeschichten? Was ergibt sich „alternativ" zur Naturwissenschaft als Position der Bibel?

Lass es mich kurz zusammenfassen. Der biblische Glaube sieht die Sache so:

* Die Welt ist nicht das Ergebnis eines blinden Zufalls, sondern hat einen Schöpfer, der will, dass alles existiert, blüht und gedeiht.

* Die gesamte Schöpfung ist ein Geschenk, für das wir Verantwortung tragen.

* Alle Lebewesen sind als Geschöpfe aus dem gleichen „Stoff", dem „Ackerboden" gemacht, also miteinander verwandt.

* Der Mensch ist ein Teil der Natur, doch unterscheidet er sich in seiner Art von den anderen Lebewesen. Er kann abstrakt denken und verfügt über eine hochentwickelte Sprache. Dadurch steht er in einer besonderen Beziehung zu Gott. (Daraus leiten sich letztlich die Personenwürde jedes Einzelnen und die Menschenrechte ab!) Er lebt „als Mann und Frau" in gleichberechtigter Gemeinschaft.

Das scheint mir das Wichtigste zu sein, was sich in der gebotenen Kürze zum Thema sagen lässt. Es soll dazu beitragen, Dich die biblischen Texte in einem etwas anderen Licht sehen zu lassen und sie als sinnvolle und notwendige

Ergänzung (!) zu der naturwissenschaftlichen Sichtweise zu verstehen.

Auszug aus: R. Jungnitsch: Wie soll das einer glauben?, Norderstedt 2018, 15-33 (gekürzt)

1.3 Jenseits von Copperfield & Co. - Wunder finden trotzdem statt

Du wirst ihn und andere Zauberkünstler mit ihren atemberaubenden Tricks sicher schon im Fernsehen bestaunt haben, etwa David Copperfield, Dynamo, Hans Klok oder die Ehrlich Brothers. Sie verblüffen die Zuschauer immer wieder neu durch außergewöhnliche Darbietungen: sie schweben frei im Raum, fliegen durch den Saal, lassen sich zersägen, lösen etwa einen Eisenbahnwagon in Luft auf, gehen durch dicke Mauern, entweichen aus verschlossenen Tresoren und tauchen überall da auf, wo sie eigentlich gar nicht sein können. Da bleibt manch einem buchstäblich die Spucke weg. Zu gerne wüsste man ja, wie sie das bloß gemacht haben.

Jeder dieser Zauberkünstler ist ein Illusionist, das heißt er spielt mit unserer Wahrnehmung. Er lässt uns bestimmte Dinge sehen und andere eben nicht. Dadurch erreicht er *den* optischen Effekt beim Zuschauer, den er haben möchte. Die Illusion ist perfekt. Unsere Augen melden uns etwas, von dem unser Kopf genau weiß, dass es so gar nicht sein kann. Denn auch dieser begabte Zauberer ist nicht in der Lage, mit einem Fingerschnippen die Naturgesetze aufzuheben, Materielles urplötzlich entstehen oder im Nichts verschwinden zu lassen.

Mit seinem besonderen Wissen um die Lücken und Schwächen unserer Sinneswahrnehmungen vermittelt er uns lediglich den Eindruck, dass es so sei. Darin liegt der Trick. Und wir *wissen*, dass es einer ist.

Aber stell Dir einmal vor, er würde seine Kunststücke nicht heute, sondern vor 2000 Jahren vorgeführt haben! Was hätten die Menschen jener Tage dazu gesagt? Was hätten sie über den „Zauberer" gedacht?

Meinst Du nicht, sie würden das gerade Erlebte als ein Wunder bezeichnet haben? Sie wären dem „Wundertäter" vermutlich mit einer Mischung aus Angst und Respekt begegnet.

Noch stärker wäre aber wohl der Impuls gewesen, ihn wegen all ihrer bisher unerfüllten Wünsche und Hoffnungen anzusprechen, ihm sämtliche seelischen und körperlichen Beschwerden vorzutragen, von denen sie niemand sonst zu befreien vermochte.

Darin unterscheiden sich die Menschen von damals und heute kaum. In unseren Tagen treten wie zu allen Zeiten nicht wenige Wunderheiler auf, die meistens mehr versprechen als sie halten können. Vor allem wissen sie, dass sich mit den allzu menschlichen Nöten immer wieder gute Geschäfte machen lassen.

Dabei möchte ich hier nicht pauschal alle ungewöhnlichen Behandlungsmethoden als Scharlatanerie hinstellen. Dafür wissen wir heute immer noch zu wenig über die höchst komplizierten Abläufe in unserem Körper, über langfristige Umwelteinflüsse, über die Ursachen mancher Krankheiten usw. Ständig wird weiter geforscht, entdeckt, gelernt und ausprobiert. Altes Wissen wird wiederentdeckt und durch die engeren Kontakte zu anderen Völkern und Kulturen werden neue

Kenntnisse dazugewonnen. Nicht selten wurde anfangs abgelehnt oder belächelt, was später allgemeine Anerkennung fand.

Weder die sogenannten Wunderheiler sind also eine Neuheit, noch die Bezeichnung eines ungewöhnlichen Ereignisses als Wunder. Wir gebrauchen das Wort im Alltag sogar recht oft:

* Wir *wundern* uns über jemanden.

* Das Essen schmeckt uns ganz *wunderbar.*

* Ein neues Kleid finden wir einfach *wundervoll.*

* Eine bestimmte Person halten wir für etwas *wunderlich.*

* Am Kiosk kaufen wir uns eine *Wundertüte.*

* Einen General hören wir von einer neuen *Wunderwaffe* schwärmen.

* Einem Schwerkranken kann scheinbar nur noch ein *Wunder* helfen.

* Den Unfall hat der Fahrer wie durch ein *Wunder* überlebt. usw.

Wenn Du einmal bewusst darauf achtest, wirst Du Dich wundern, wie häufig das Wort in der Zeitung auftaucht oder auch besungen wird.

Sei ehrlich! Hast Du nicht auch schon auf ein Wunder gehofft - in einer ausweglosen Situation, als nichts und niemand sonst mehr helfen konnte? Und was geschah?

Solange man nicht nachfragt, scheint jeder irgendwie zu wissen, was gemeint ist, wenn von einem Wunder gesprochen wird. Aber wenn man erst einmal nachfragt, beginnt das große Stottern.

Was würdest Du spontan antworten?

Das Wörterbuch erklärt uns, ein Wunder sei

- eine außergewöhnliche Erscheinung,

- ein Vorgang, der den normalen Erfahrungen und den Naturgesetzen widerspricht,

- ein Ereignis, das übliche Maßstäbe sprengt,

- ein Geschehen, das Staunen und Furcht hervorruft,

- für einen religiösen Menschen ein Zeichen für die Macht Gottes, das als Wohltat oder auch als Strafe gedeutet wird.

An den Stichpunkten, die das Wörterbuch nennt, stört mich zweierlei: Einerseits bleiben diese Umschreibungen viel zu grob und rühren bestenfalls an der Außenseite der Sache.

Was ich aber viel bedenklicher finde ist die Richtung, in die das Denken durch solch eine Definition gelenkt wird:

- Was ist für wen schon eine „außergewöhnliche Erscheinung"?

- Wer bestimmt denn die „üblichen Maßstäbe"?

- Was versetzt, z. B. Dich, in „Staunen und Furcht"?

- Wo haben „normale Erfahrungen" ihre Grenze?

Auch die scheinbare Durchbrechung der Naturgesetze hilft nicht viel weiter. Dieses Kriterium ist auch nur das Eingeständnis des Nichtwissens. Zumal hat das, was da als Wunder bezeichnet wird, am wenigsten mit irgendwelchen naturwissenschaftlichen Tatsachen zu tun. Was da geschehen ist, behält natürlich seinen Sonderstatus. Aber nicht so sehr im Sinne einer *objektiven Tatsache*, die man nur genau genug untersuchen und überprüfen müsste, um Klarheit zu schaffen. Gerade auf diesem Weg wird überhaupt nichts klar. Das große Fragezeichen bleibt.

Das Besondere, das Wundervolle des Ereignisses, liegt vor allem in der Sichtweise dessen, der es erlebt hat. Ein Wunder ist primär etwas ganz Subjektives, etwas, das sich *für mich* so ereignet hat. *Ich* erlebe es als Wunder! *In meinen Augen* sind diese oder jene Veränderung, für die ich keine "normale" logische Erklärung finden kann, ein Wunder. Für den anderen, der danebengestanden hat, ist es eventuell gar keines.

Denn er hat nicht mit meinen Augen gesehen, nicht mit meinen Ohren gehört. Dieselbe Sache ist für ihn vielleicht absolut normal - oder höchstens ein Achselzucken wert: „... klar, ist schon irgendwie interessant, aber...", während ich deswegen völlig aus dem Häuschen bin.

Im Nachhinein kann ich nur noch mit vielen Allerweltsworten, die ich versuche zum Glänzen zu bringen, von meinem Erlebnis *erzählen*. Wenn ich es dabei schaffe, das Fantastische, das mir passiert ist, so zündend in Worte zu fassen, dass mein Zuhörer geneigt ist, es mit dem tollsten seiner Erlebnisse gefühlsmäßig zu vergleichen, dann ist von meinem Wunder-Erlebnis vielleicht eine Ahnung rübergekommen.

Als eine gewisse Korrektur zu den erwähnten Lexikon-Definitionen werden nun die drei Elemente klarer erkennbar, die mir zum Verstehen eines Wunders viel wichtiger erscheinen:

1. Es ist vor allem ein *subjektives Erlebnis*, kein äußerlicher, allgemein beobachtbarer und fotografierbarer Vorgang.

2. Dieses Erlebnis hängt wesentlich von der eigenen *Offenheit*, *Bereitschaft* und *Sensibilität* ab.

3. Als außergewöhnliches Ereignis lässt es sich nicht durch die äußeren Zusammenhänge befriedigend erklären, sondern wird im Rahmen der eigenen (oder der allgemein verbreiteten) Weltanschauung *gedeutet*.

4. Diese Deutung geschieht vorwiegend in den *religiösen* Vorstellungen der jeweiligen Kultur.

In dieser Hinsicht erhalten dann insbesondere die Wunder-geschichten aus dem Neuen Testament einen anderen Klang und Geschmack. Ihnen ergeht es nämlich genauso wie der Erzählung von Adam und Eva. In die Texte wird viel hineingelesen, was nicht hineingehört und sie werden mit ebenso falschen Fragen zugeschüttet, die einem nur Knoten ins Gehirn drehen.

Wichtig ist es in der Tat auch hier zu wissen, dass wir über die Wundertaten von Jesus ausschließlich überlieferte *Texte* besitzen.

Und diese Wundergeschichten wollen etwas ganz Bestimmtes erzählen. Sie dienen allen vier Evangelisten als anschauliche und effektvolle Beispiele für ihre Erzähl*absichten*: Jesus als Erlöser, Messias und Sohn Gottes zu verkünden.

Sämtliche Schriften des Neuen Testamentes wurden ja erst Jahrzehnte nach Jesu Tod niedergeschrieben. Schon darum ist das rückblickende Erzählen der Evangelien nicht zuerst an objektiven Fakten und Einzelheiten interessiert.

Sie sind vielmehr umfangreich und lebensnah ausformulierte Glaubensbekenntnisse.

Wie schon bei unserem Blick in die Schöpfungsgeschichten am Anfang der Bibel gilt folglich auch hier: diese Texte sind *keine Berichte*, sie geben nicht einfach nur beschreibend wieder, was da oder dort wirklich passiert sei. Sie erzählen über die Ebene von Fakten und Tatsachen hinaus.

Also ganz platt zu fragen, ob das wirklich so gewesen sei, dass dieser Blinde wieder sehen und jener Gelähmte durch den wundersamen Kontakt mit Jesus schließlich wieder laufen konnte, geht an der Sache bzw. am Sinn des Neuen Testamentes völlig vorbei.

Die Evangelisten benutzten für ihre Zwecke die sprachlichen Möglichkeiten ihrer Zeit, genau wie es die Verfasser des Alten

Testamentes getan hatten. Es wird in Gleichnissen erzählt, in Symbolen und Metaphern zur Sprache gebracht, was den damaligen Hörern und Lesern mitgeteilt werden sollte. Auf die erzählerischen Mittel und die dabei verwendeten Motive kommt es an. Ihnen müssen wir auf die Spur kommen. Dazu brauchen wir offene Augen und ein reichliches Maß an Einfühlungsvermögen in die Personen und Handlungen dieser Geschichten.

Schauen wir uns das also einmal am Beispiel einer Blindenheilung an, die uns der Evangelist Markus (Mk 10,46-52) erzählt:

46 Sie kamen dann nach Jericho; und als er mit seinen Jüngern und einer großen Volksmenge aus Jericho hinauszog, saß der Sohn des Timäus, Bartimäus, ein blinder Bettler, am Wege.
47 Als dieser hörte, es sei Jesus von Nazareth, begann er laut zu rufen: »*Sohn Davids, Jesus, erbarme dich meiner!*«
48 Viele riefen ihm drohend zu, er solle still sein; doch er rief nur noch lauter: »*Sohn Davids, erbarme dich meiner!*«
49 Da blieb Jesus stehen und sagte: »*Ruft ihn her!*« *So riefen sie denn den Blinden und sagten zu ihm:* »*Sei guten Mutes, stehe auf: er ruft dich!*«
50 Da warf er seinen Mantel ab, sprang auf und kam zu Jesus.
51 Dieser redete ihn mit den Worten an: »*Was wünschest du von mir?*« *Der Blinde antwortete ihm:* »*Rabbuni (d.h. verehrter oder lieber Meister), ich möchte sehen können!*«
52 Jesus sagte zu ihm: »*Gehe hin, dein Glaube hat dich gerettet (oder: dir Heilung verschafft).*« *Da konnte er augenblicklich sehen und schloß sich an Jesus auf der Wanderung an.*
(Übersetzung: Hermann Menge)

Die Begebenheit wird recht kurz und bündig erzählt. Für unsere verwöhnten Ohren wohl *zu* kurz. Jeder andere Schriftsteller würde sie mühelos über viele Seiten hin ausbreiten.

Die Evangelisten jedoch präsentieren uns durchgehend hoch verdichtete Geschichten. Sie provozieren damit geradezu unsere Fantasie.

Wir sollen in die knappe Szene eine gute Portion eigener Gedanken und Gefühle *hinein*tragen, um möglichst viel von dem *heraus*zuhören, was in den wenigen Sätzen verborgen liegt. Um was geht es also? Über *wen* wird *was* und *wozu* erzählt?

Die Hauptrolle in diesem Ausschnitt spielt der blinde Bettler. Damit wird schon gleich zu Beginn die doppelte Last seines Lebens benannt. Weil er blind ist, kann er seinen Lebensunterhalt nicht selbst verdienen. Er ist als Bettler rundum abhängig von anderen Menschen. Was er hat, ist das, was sie ihm zukommen lassen. Das ist aber nicht nur ein entbehrliches Geldstück, das ihm einer in die Schale wirft oder ein Stück Brot, das jemand mit ihm teilt. Sein gesamtes Dasein ist weithin durch andere geprägt und bestimmt. Sie sagen ihm, wo er sich zum Betteln hinsetzen darf: an den Straßenrand, am Ortsausgang. Sie bestimmen durch ihr Geben, was und wieviel er zu essen hat.

Sie haben ganz allgemein seine Rolle im Leben und in ihrer Gesellschaft definiert: als abhängig, unselbstständig und fremdbestimmt.

Was sein Leben jedoch zu einer wirklichen Tragödie macht, ist der Umstand, dass das nicht allein nur seine äußere Situation beschreibt, sondern auch sein Innenleben. Wie er sich fühlt, wie er über sich und sein Leben denkt, entspricht ganz dem, was die

Menschen um ihn herum zu ihm und über ihn sagen. Sein Bewusstsein und sein Selbstwertgefühl sind das eines Bettlers.

Das ist so, als würde man einem Kind andauernd einreden, es sei beispielsweise zu dumm für die Mathematik, zu untalentiert zum Malen oder tauge wegen seiner „zwei linken Hände" zu keiner handwerklichen Tätigkeit.

Wenn es diese Einschätzung nur oft genug zu hören bekommt und schlucken muss, wird es sie irgendwann für wahr halten und danach sein weiteres Leben ausrichten. Ein solches Einreden gleicht einer Art Bann oder Fluch, einem erstickenden und verdunkelnden Schleier, der über dieses Menschenleben geworfen wird. Es wird seine Wirkung nicht verfehlen. Darunter können keine Lebensfreude und keine Zuversicht mehr gedeihen.

Wie wenig er ein eigenständiger Mensch ist, zeigt sich schon in dem Namen, mit dem er uns vorgestellt wird: als der Sohn von Timäus. Die Silbe „Bar" bedeutet lediglich „Sohn von". Sein Name ist daher gar kein richtiger individueller Name, er drückt nur nochmals aus, wie verschwindend gering die Eigenanteile an seiner Person sind. Er vegetiert stets im Schatten anderer.

Aber tief in ihm drin weiß er um seine Situation, um die Zäune, die ihn umstellen, und die Fesseln, die ihn lahmlegen. Denn da glüht offenbar noch ein kleiner Rest von Sehnsucht in ihm, ein Fünkchen des großen Traums von einem freien und guten Leben.

Als er dann von diesem Mann aus Nazaret hört, von dem überall so unglaubliche Dinge berichtet werden, nimmt er all seinen Mut, seinen noch spärlich vorhandenen Lebenswillen zusammen und spricht ihn voller Hoffnung an.

Kaum aber zeigt er diesen ungewohnten Ansatz von Eigeninitiative, wird er gleich wieder in seine alte Rolle zurückgedrängt. Als einer, der (nach religiöser Überzeugung der Menge) von Gott mit Blindheit gestraft wurde, hat er hier nichts zu melden. „Für so einen wie Dich ist der lang erwartete Messias, der Sohn Davids, nicht zu sprechen", kann man sie zwischen den Zeilen zornig schreien hören.

Diesmal aber lässt er sich nicht wieder mundtot machen, nicht noch einmal unterbuttern und wegschicken. Das ist vielleicht seine letzte Chance von der Verliererstraße runter zu kommen, aus diesem verpfuschten Leben noch etwas zu machen. Jetzt oder nie!

Er schreit so laut, dass er nicht mehr überhört werden kann. Und er erreicht endlich sein Ziel.

Dass Jesus ihn rufen lässt, macht die eben noch wütenden Zuschauer plötzlich freundlich und hilfsbereit. Nicht mehr „Sei still und hau ab!", sondern „Hab Mut und steh auf!". Welche Wandlungen!

Bartimäus steht nun vor Jesus, der ja wohl erkennen muss, was dieser Mann für ein Problem hat. Doch Markus lässt Jesus jetzt nicht sofort durch ein Machtwort oder durch eine Handauflegung die Blindheit zum Verschwinden bringen.

Weit gefehlt. Er stellt dem Bettler die scheinbar dümmste und überflüssigste Frage, die in diesem Moment überhaupt denkbar ist. Als wenn sich nicht jeder an drei Fingern abzählen könnte, was Bartimäus sich wohl am sehnlichsten wünschen wird.

Doch Jesus scheint das eigentliche Dilemma dieses Mannes klar genug erfasst zu haben. Er merkt der Gestalt, die wie ein flehendes Fragezeichen vor ihm steht, die offene Wunde ihrer Seele an: nämlich für sich und andere keinerlei Wert und Bedeutung zu haben. Sich als Null zu fühlen, als nutzlose Randerscheinung, die sich selber nichts mehr zutraut und nur noch verschämt den Blick senkt und die Augen schließt. In diese Dunkelheit auf Dauer abtauchen, nichts mehr sehen und nichts mehr leiden müssen.

Genau in diese Dunkelheit stößt Jesus mit seiner überflüssig wirkenden Frage: Er möchte, dass Bartimäus *selber* sagt, was er will. Dieser Mensch, der bisher meist durch fremde Stimmen herumkommandiert wurde, soll sich hier und jetzt selber wichtig und ernst nehmen.

Er soll einmal ganz bewusst und stolz „ich" sagen und erfahren, dass jemand ihm zuhört, ihn anhört und auf seine Wünsche eingeht. Das möchte ihm Jesus vermitteln. - Ein kleines Licht am Ende des Tunnels.

Der schließlich ausgesprochene Wunsch, wieder sehen zu können, meint also auch und vor allem:

- Ich möchte endlich mein Leben selber in die Hand nehmen,
- selber herausfinden, was ich kann und was nicht,
- meinen eigenen Ideen nachgehen können,
- mir selber etwas zutrauen dürfen,
- erkennen, wer und was ich für mich selber bin,
- meinen Weg und Platz in dieser Welt selber festlegen,
- meinen eigenen Glauben, an mich, die Welt und Gott entdecken und gestalten,
- einfach ich selber sein und mich so wie ich bin für wertvoll halten dürfen, statt nur ein Spielball anderer zu sein.

An dieser Stelle fällt vielleicht erst auf, dass Jesus außer zuzuhören gar nichts tut! Keine „magische" Berührung, an der viele gerne das Wunder festmachen. Nichts dergleichen.

Was an wundersamer Veränderung möglich war, ist bereits passiert! Jesus erklärt sogar den Grund: *„Dein Glaube* hat dir geholfen". Allein dadurch, dass Bartimäus sich nicht total den Verfügungen und Sichtweisen anderer Menschen ausgeliefert hat, sondern aus dem kümmerlichen Rest von Hoffnung noch den Mut zur Veränderung gewinnt - und dies so unbändig *will*, wie noch nichts in seinem Leben; weil er sich nicht selber aufgibt,

sondern noch (oder wieder) an ein anderes als das Bettlerleben zu glauben wagt: Darin bestärkt ihn Jesus in diesem kurzen Moment vollkommener Aufmerksamkeit.

Hier liegt auch das eigentliche Wunder dieser Heilung. Die Begegnung mit Jesus wird für Bartimäus zu einer entscheidenden Konfrontation mit sich selbst. Es steht ihm jetzt glasklar vor Augen: So kann und will ich nicht weitermachen!

Irgendwie war für diesen „Knackpunkt" die Nähe des Mannes aus Nazaret nötig. Von ihm ging etwas aus, das ganz unerwartet und doch so spürbar die Kraft für einen Neuanfang vermittelte.

Mehr hätte Bartimäus über das Wie und Woher dieser Lebenswende vermutlich auch nicht erklären können. Es war etwas in ihm und mit ihm geschehen - und das hatte mit Jesus zu tun.

Er lebte nun mit einer neuen, eigenen Perspektive, die ihm keiner mehr nehmen konnte. Sie sättigte ihn mehr als alles, was ihm bisher zum Überleben in seine Schale gelegt worden war. Er konnte jetzt sogar mehr sehen als die, deren Augen gesund waren. Sein Auge war seit jener Begegnung mehr auf die wesentlichen Dinge des Lebens gerichtet. Für ihn gab es anderes zu sehen, obwohl er blind war. Das Blindsein war nicht mehr sein Problem.

Im Vergleich zu dem, was er jetzt viel bewusster und deutlicher wahrnahm, vermochten die „Sehenden" oft das wirklich Wichtige gar nicht zu erkennen.

Was nützte ihnen also ihr Augenlicht, wenn sie trotzdem nicht richtig sehen konnten? Der blinde Bettler jedenfalls sah, was los war. Auch zu betteln hatte er bald nicht mehr nötig.

So, scheint mir, lässt sich diese Geschichte auch lesen.

Kannst Du noch weitere Parallelen zu unserer heutigen Lebenswelt entdecken? Findest du vielleicht sogar etwas von Dir in dieser Geschichte wieder?

Auszug aus: R. Jungnitsch: Wie soll das einer glauben?, Norderstedt 2018, 34-47 (leicht gekürzt)

1.4 Dumm gelaufen!

Stell Dir einmal folgende Situation vor: Weil Du mal wieder dringend Dein Taschengeld aufbessern musst, suchst Du für die nächsten Ferien einen Job. Aber bei allen in Frage kommenden Firmen der Umgebung hast Du Pech. Entweder beschäftigen sie keine Schüler und Studenten mehr, oder andere waren einfach schneller als Du. Was also tun? Der letzte Strohhalm ist eine Agentur, die ganz kurzfristig Arbeitskräfte vermittelt, quasi von jetzt auf gleich. Diese Jobs sind jedoch oft nur für einen Tag. Aber was soll´s. Geld muss her. Du meldest dich also bei dieser Agentur und wartest von da an auf einen Anruf, der Knete verspricht.

Tatsächlich winkt schon nach ein paar Tagen der erste Job. In einer Speditionsfirma sind unerwartet mehrere Mitarbeiter krank geworden. Ein außerordentlich großer Auftrag für einen Umzug droht zu platzen, wenn nicht genügend Hände zum Anpacken bereitstehen.

Diese Jobvermittlung ist somit auch für den Unternehmer eine nützliche Sache. Mit vier anderen Männern unterschiedlichen Alters, die ebenfalls dringend eine Arbeit suchen, stellst Du Dich am nächsten Morgen dem Chef der Firma vor. Er erklärt euch was zu tun ist, bis wann die Arbeit getan sein soll und was er euch pro Stunde dafür zahlen will.

Da es ein recht anständiger Preis ist und jeder auf das schnell verdiente Geld angewiesen zu sein scheint, gibt es erst gar kein Verhandeln und kein Gemecker.

Der Mann macht einen ehrlichen Eindruck, so dass niemand von euch fürchtet, übers Ohr gehauen zu werden.

Ihr stürzt euch also in die Arbeit. Das Hin- und Herschleppen der ungezählten schweren Kisten, Kartons und Möbelstücke ist wirkliche Knochenarbeit. Nach den ersten Stunden wird dem Chef aber langsam klar, dass dieser Umzug unmöglich bis zum Abend erledigt sein wird. Er braucht noch mehr Arbeiter für diesen Tag. Zum Glück kann ihm die Vermittlung noch ein paar Leute schicken, die gleich nach der Mittagspause eintreffen. Jetzt geht es spürbar schneller voran. Während dieser schweißtreibenden Stunden kommst Du mit den anderen immer wieder für einen kurzen Moment ins Gespräch. Du erfährst Stück für Stück ein wenig von ihren Lebensgeschichten. Mehrere sind schon seit langem arbeitslos und halten sich und ihre Familien mühsam mit solchen Jobs über Wasser. Zwei Studenten sind dabei, die sich ihr Studium auf diese Weise finanzieren müssen. Neben drei Schülern, denen es ähnlich wie Dir ergeht, sind da noch drei Ausländer, die jedoch fließend deutsch sprechen und nur von derartigen Gelegenheitsarbeiten leben.

Am Abend ist es dann endlich geschafft. Der Auftrag ist termingerecht abgeschlossen, der letzte Schweißtropfen abgewischt. Dem Gesicht des Chefs ist die Erleichterung anzumerken. Du rechnest Dir schon aus, was Du an diesem Tag verdient haben wirst. Ein anständiges kleines Sümmchen, mit dem du schon was anfangen kannst.

Auch die Anderen zählen im Geist schon ihren Lohn. Die Kameraden, die erst am Mittag dazukamen, sind zwar auch zufrieden, dass sie heute noch etwas verdienen konnten, doch werden sie höchstens auf die Hälfte des Tageslohns kommen. Ihre gute Stimmung hält sich also in Grenzen.

Nun zieht der Chef endlich seine Brieftasche. Jeder hält erwartungsvoll die Hand auf, um den vereinbarten Lohn in Empfang zu nehmen. Und da passiert es.

Nachdem er euch von der ersten Truppe ausbezahlt hat, gibt er denen, die erst seit Mittag gearbeitet haben, doch tatsächlich den gleichen Betrag! Ihr glaubt zuerst an ein Versehen und schaut euch erstaunt und fragend an. Doch ein Irrtum ist ausgeschlossen.

Der Chef scheint das mit voller Absicht zu machen. Die von der zweiten Schicht kriegen genauso viel wie ihr, obwohl sie nur halb so lange geschafft haben. Einem Deiner Kameraden platzt schließlich der Kragen.

Er ist stinksauer und brüllt etwas von Ungerechtigkeit und Schweinerei. Andere aus eurer Gruppe stimmen ihm zu und plötzlich herrscht eine lautstarke Streiterei.

Wie wird der Chef sein merkwürdiges Verhalten wohl erklären? Haben die Früh-Arbeiter eigentlich einen berechtigten Grund zur Klage?

Ich überlasse den weiteren Verlauf Deiner eigenen Fantasie.

Es sei denn, Du kennst die Geschichte schon. Sie steht nämlich im Neuen Testament. Jesus hat sie als Gleichnis erzählt - wenn auch ein bisschen anders.

Hier also zunächst seine Version aus dem Matthäus-Evangelium (Mt 20,1-16):

1 »Denn das Himmelreich ist einem menschlichen Hausherrn gleich, der frühmorgens ausging, um Arbeiter für seinen Weinberg einzustellen.
2 Nachdem er nun mit den Arbeitern einen Tagelohn von einem Denar vereinbart hatte, schickte er sie in seinen Weinberg.
3 Als er dann um die dritte Tagesstunde wieder ausging, sah er andere auf dem Marktplatz unbeschäftigt stehen
4 und sagte zu ihnen: ›Geht auch ihr in meinen Weinberg, ich will euch geben, was recht ist‹;
5 und sie gingen hin. Wiederum ging er um die sechste und um die neunte Stunde aus und machte es ebenso;
6 und als er um die elfte Stunde wieder ausging, fand er noch andere dastehen und sagte zu ihnen: ›Was steht ihr hier den ganzen Tag müßig?‹
7 Sie antworteten ihm: ›Niemand hat uns in Arbeit genommen.‹ Da sagte er zu ihnen: ›Geht auch ihr noch in den Weinberg!‹
8 Als es dann Abend geworden war, sagte der Herr des Weinbergs zu seinem Verwalter: ›Rufe die Arbeiter und zahle ihnen den Lohn aus! Fange bei den letzten an (und weiter so) bis zu den ersten!‹
9 Als nun die um die elfte Stunde Eingestellten kamen, erhielten sie jeder einen Denar.
10 Als dann die Ersten (an die Reihe) kamen, dachten sie, sie würden mehr erhalten; doch sie erhielten gleichfalls jeder nur einen Denar.
11 Als sie ihn empfangen hatten, murrten sie gegen den Hausherrn
12 und sagten: ›Diese Letzten haben nur eine einzige Stunde gearbeitet, und du hast sie uns gleichgestellt, die wir des (ganzen) Tages Last und Hitze getragen haben!‹
13 Er aber entgegnete einem von ihnen: ›Freund, ich tue dir nicht unrecht; bist du nicht um einen Denar mit mir eins geworden?

149

14 Nimm dein Geld und gehe! Es gefällt mir nun einmal, diesem Letzten ebenso viel zu geben wie dir.
15 Habe ich etwa nicht das Recht, mit dem, was mein ist, zu machen, was ich will? Oder siehst du neidisch dazu, dass ich wohlwollend bin?‹
16 Ebenso werden die Letzten Erste und die Ersten Letzte sein.«
(Übersetzung: Hermann Menge)

Du siehst, er verschärft den Konflikt noch. Er lässt den Gutsbesitzer gleich fünf Arbeitergruppen in den Weinberg schicken. Doch der Ausgang bleibt gleich. Die einen Arbeiter gehen enttäuscht und verbittert nach Hause, die anderen sind ganz happy und können es noch gar nicht richtig fassen, dass ihnen jemand *mehr* gegeben hat als ihnen gemäß der Absprache wirklich zustand. Mancher mag noch an einen Irrtum glauben, bei dem er der Nutznießer geworden ist.

Andere halten den Weinbergbesitzer vielleicht nur für einen guten Menschen, der ein paar kleinen Tagelöhnern mal was Gutes tun wollte. So konnten sich ihre Familien wenigstens heute Abend mal wieder sattessen. Das kam nicht alle Tage vor.

Den anderen Arbeitern, die der Meinung waren, sie hätten fairerweise mehr bekommen müssen, gingen sicher ganz andere Gedanken durch den Kopf. Sie hatten länger geschuftet, also stand ihnen auch ein höherer Lohn zu. Ihr gesunder Menschenverstand sagte ihnen, dass das nicht in Ordnung sein konnte, was der Gutsbesitzer da getan hatte. Untergrub er nicht alle rechtlichen Spielregeln über eine gerechte Lohnabsprache? Wo kämen wir denn hin, wenn jeder Unternehmer seine Arbeiter nach diesem Prinzip bezahlen würde! Da bräuchte ja keiner mehr am Morgen aufzustehen, um sich nach Arbeit umzuschauen, wenn man fürs gleiche Geld höchstens ein paar Stunden am Nachmittag zu schaffen braucht! Das durfte einfach nicht sein! So dachten sie vermutlich - und werden sich noch lange über diese faustdicke Ungerechtigkeit aufgeregt haben.

Ist Dir aufgefallen, für welches Lohnprinzip die murrenden Arbeiter eigentlich eintreten? Nach welchem Prinzip jedoch entlohnt der Gutsbesitzer alle seine Arbeiter?

Nun, die Arbeiter, die seit dem frühen Morgen im Weinberg standen, wären ja am liebsten - entgegen *unserer* Geschichte - nach einem festen Stundenlohn bezahlt worden.

Wer also viele Stunden arbeitet, verdient auch viel. Wer nur wenige Stunden schwitzt, hat entsprechend weniger auf der Hand. Das scheint erstmal eine gerechte Regelung zu sein. Sie ist ja auch in unserer Arbeitswelt weit verbreitet. Wir sprechen dabei vom *Leistungsprinzip*. Genau das soll auch der Gutsbesitzer anwenden, verlangen die Arbeiter, die sich durch die Gleichmacherei benachteiligt fühlen. Verständlich.

Der Mann aber, der sich fast im Stundentakt immer noch mehr herumstehende Tagelöhner in seinen Weinberg geholt hat, verfährt nach einer völlig anderen Spielregel. Er betont erstmal zweierlei: Erstens hätten die Arbeiter von der ersten Schicht exakt das erhalten, was vereinbart war. Ein Grund zur Beschwerde sei also nicht gegeben. Zweitens hebt er hervor, dass es schließlich *sein* Geld ist, das er hier scheinbar so großmütig, aber unfair verteilt. Ungerechte Bezahlung oder gar Ausbeutung könne man ihm also nicht vorwerfen.

Aber diesem ungewöhnlichen Arbeitgeber geht es um mehr als einen gerechten Lohn. Er sieht nicht nur die Arbeit und ihren Preis. Er hat auch einen Blick für die Menschen, mit denen er es zu tun hat.

Sie sind allesamt Tagelöhner, haben also keinen dauerhaften Arbeitsplatz und somit auch kein festes Einkommen. Sie müssen die Jobs annehmen, die gerade angeboten werden und leben, wie man so sagt, von der Hand in den Mund. Sie stehen ganz unten auf der Leiter der Geldverdiener. Sie sind viel zu beschissen dran, um auch noch Ansprüche zu stellen oder eine dicke Lippe zu riskieren.

Die Männer, die den ganzen Tag im Weinberg waren, haben für sich und ihre Familien einen ausreichenden Tagesverdienst kassiert. Sie müssen nicht mehr hungrig zu Bett gehen.

Die später eingetroffenen Arbeiter hätten aber bei einer entsprechend anteiligen Entlohnung teils nur noch so wenig ausgezahlt bekommen, dass es zum Sterben zu viel, aber zum Leben zu wenig gewesen wäre.

Das weiß der, der sie angeheuert hat. Er kennt ihre Lebenssituation. Und genau darum gibt er ihnen den gleichen Tageslohn, obwohl sie nur einen Teil des Tages gearbeitet haben. Was er ihnen zukommen lässt, sind keine verschwenderischen Summen, sondern einfach nur das Minimum, mit dem das Überleben gesichert wird. Nicht mehr und nicht weniger. Alle sollen das Nötigste bekommen, das sie zum

Leben unbedingt brauchen. Was er hier umsetzt - und dafür heftig kritisiert wird - ist das *Bedürfnisprinzip*.

Da haben wir nun die beiden Prinzipien in Sachen Lohngerechtigkeit, die in dieser Abendstunde so engagiert aufeinanderprallen. Das eine System orientiert sich an der tatsächlichen Leistung des Arbeiters, das andere an seinen grundlegenden Bedürfnissen. Für beide Regeln gibt es gewiss plausible Gründe. Doch müssen sie sich nicht gegenseitig ausschließen.

Wer arbeitet, tut das hauptsächlich, um seinen Lebensunterhalt zu verdienen. Wenn es darüber hinaus noch für einen mehr oder weniger bescheidenen Wohlstand reicht, umso besser.

Hierzulande haben sich die Arbeiter den heutigen Standard von Lohn und Urlaub über mehr als hundert Jahre hinweg mühsam erkämpft. Denn es war nicht immer so, dass eine Arbeiterfamilie von einem festen Einkommen wirklich überleben konnte. Wenigstens in unserem Land gehört dieser Zustand weithin der Vergangenheit an. Andernorts auf diesem Planeten aber gibt es noch reichlich Kinderarbeit. Die Arbeit der Väter und Mütter wird so miserabel bezahlt, dass selbst die Kleinsten ihren Tag - statt im Kindergarten oder der Schule - in der Fabrik zubringen. Nur um zu überleben!

Wir sollten das Problem jedoch nicht vorschnell nur in der Ferne suchen. Auch bei uns wird die Arbeit immer mehr zu einem heiß umkämpften Gut.

Millionen von Menschen haben keine Arbeit, möchten aber gerne arbeiten und nicht von einer knapp bemessenen staatlichen Unterstützung leben müssen.

Die weitreichenden Veränderungen, die die Technik in der Arbeitswelt verursacht hat, machen es nötig, neu über die Verteilung der Arbeit nachzudenken. Denn keine Gesellschaft verträgt auf Dauer ein Millionenheer von Arbeitslosen. Nach welchem Prinzip aber sollen Wirtschaft und Industrie organisiert werden? Kapital vor Arbeit, Leistung vor Bedürfnis?

Du siehst, diese Geschichte von den Arbeitern im Weinberg ist alles andere als harmlos. Sie bleibt bis heute aktuell und provokativ. Denn schon immer wurde für Lohn gearbeitet. So wird es auch in Zukunft sein.

Die Frage aber, die mit dieser Geschichte aufgeworfen wird, bezieht sich auf das Maß an sozialer Gerechtigkeit, das in einer Gesellschaft vorhanden ist oder angestrebt werden soll.

Wie viele Menschen werden in Armut gehalten, gelassen oder gebracht? Wie sind die Güter verteilt? Welchen Stellenwert hat der Mensch in der Arbeitswelt? Zählt bloß seine Arbeitskraft, oder werden auch die anderen Seiten seines Lebens berücksichtigt? Wie steht die Gesellschaft zu ihren schwächsten Gliedern, den Kindern, Kranken und Behinderten? Wenn nur Leistung zählt, welche Rechte haben sie dann noch?

Selbst die Frage nach der Gleichbehandlung von Männern und Frauen gehört dazu. Vielfach wird nämlich auch bei uns dieselbe Arbeit schlechter bezahlt, wenn sie von einer Frau getan wird.

Spinne den Faden selber weiter: Was trägt alles dazu bei, dass Du in der Schule und im Beruf erfolgreich sein kannst? Wie viel davon ist allein Dein Verdienst? Wurdest Du nicht bisher von vielen Menschen unterstützt und gefördert?

Alles, was ich bisher zu dieser Geschichte gesagt habe, bezog sich vor allem auf die Stichworte Arbeit, Lohn und Gerechtigkeit. Neben dieser sozialen Perspektive gibt es aber noch eine andere. Sie steckt eigentlich sogar dort mittendrin.

Wir dürfen nämlich nicht vergessen, dass es ein *Gleichnis* ist. Jesus benutzt diese Situation aus dem Alltagsleben, um letztlich etwas über Gott zu erzählen. Schon im ersten Satz wird klargestellt, dass er mit diesem Fallbeispiel genaugenommen eine *religiöse* Sichtweise verbindet: „Denn mit dem Himmelreich ist es wie ..."

Es bedarf sicher keiner großen Gedankensprünge, um die Figur des Gutsbesitzers mit Gott gleichzusetzen. Doch diese Gottesvorstellung war nicht unbedingt religiöses Allgemeingut zu jener Zeit.

Viele glaubten, sie müssten schon ein ziemlich tadelloses Leben führen und alle religiösen Vorschriften möglichst genau beachten, wenn sie bei Gott Gnade finden wollten. Man müsse schon ordentlich was leisten, um sich den Himmel zu verdienen.

Mit dieser Geschichte nun stößt Jesus diese scheinbar so frommen Leute total vor den Kopf. Denn der Gott, von dem er spricht, beurteilt die Menschen nicht zuerst und ausschließlich nach dem, was sie (religiös) „geleistet" haben.

Dieser Gott bietet allen Menschen ohne Vorleistung das an, was sie alle zum Leben brauchen: Liebe, Hoffnung und Gemeinschaft. - Das aber muss den Managern und Machthabern der Religion ein Dorn im Auge sein! Jesus vertritt einen Gott, dem zwar auch die Gerechtigkeit in dieser Welt am Herzen liegt, der jedoch darüber hinausgeht. Sein wichtigster Charakterzug ist Liebe. Und Liebe stellt keine Bedingungen. Wer liebt, will, dass es dem anderen gut geht.

Was Jesus aber mit diesem „Himmelreich" - manchmal ist auch vom „Reich Gottes" die Rede - genau meint, kann auch er nicht einfach in einem einzigen klaren Satz ausdrücken. Er umschreibt es vielmehr in allen seinen Gleichnissen, so wie in dem eben besprochenen.

Diese Gleichnisgeschichten greifen immer irgendwelche alltäglichen Erfahrungen auf, an denen er beispielhaft zeigt, was in dieser Welt eben nicht in Ordnung ist und wie er sich ein besseres Leben vorstellt. Ein Leben, wie es Gott gefallen würde.

Eines ist ihm dabei ganz wichtig: das „Himmelreich", das er meint, ist kein utopisch-frommes Wunschgebilde, keine abgedrehte Traumwelt religiöser Spinner, auch keine „heile Welt", die irgendwo im Jenseits auf uns wartet. Nein! Was Jesus im Auge hat, ist eine Veränderung der konkreten Zustände in *dieser* Welt!

Er möchte, dass alle Menschen *hier* besser leben können, statt nur auf ein schöneres Jenseits vertröstet zu werden. Er will, dass wir unser Zusammenleben, unsere Gesellschaft, die Wirtschaft, die Politik usw. in diesem Sinne umkrempeln, damit sie ein

Stückchen mehr vom Himmelreich sichtbar machen. Und er will, dass sich jeder an die eigene Nase fasst, wenn es ums Bessermachen geht.

Weißt Du, wo Du bei Dir anfangen könntest? Dann zögere nicht, es zu versuchen. Denn auch in Deinen Händen liegt ein kleines Stück vom Himmelreich!

Auszug aus: R. Jungnitsch: Wie soll das einer glauben?, Norderstedt 2018, 68-79

1.5 Wahrer wird´s nicht!

Ich beginne diesmal direkt mit einem Zitat aus dem Matthäus-Evangelium, genauer gesagt aus der sogenannten Bergpredigt:

33 Ihr habt weiter gehört, dass den Alten geboten worden ist (3.Mose 19,12; 4.Mose 30,3-4): ›Du sollst nicht falsch schwören‹, ›sollst aber dem Herrn deine Eide erfüllen!‹
34 Ich dagegen sage euch: Ihr sollt überhaupt nicht schwören, weder beim Himmel, denn er ist Gottes Thron,
35 noch bei der Erde, denn sie ist der Schemel seiner Füße, noch bei Jerusalem, denn es ist die Stadt des großen Königs (d.h. Gottes).
36 Auch bei deinem Haupte sollst du nicht schwören, denn du vermagst kein einziges Haar weiß oder schwarz zu machen.
37 Eure Rede sei vielmehr ›ja ja – nein nein‹; jeder weitere Zusatz ist vom Übel (oder: stammt vom Bösen).
(Mt 5,33-37).
(Übersetzung: Hermann Menge)

Vor allem in amerikanischen Gerichts-Filmen kann man folgende Szene immer wieder beobachten: Ein wichtiger Zeuge soll vereidigt werden. Der Gerichtsdiener tritt zu ihm hin und gibt genaue Anweisungen. Die linke Hand soll der Zeuge auf die vor ihm hingehaltene Bibel legen, die andere Hand zum Schwur erheben. Er soll nun schwören, die Wahrheit zu sagen und nichts als die Wahrheit, so wahr ihm Gott helfe. Der Zeuge spricht die Formel nach und steht damit unter Eid. Er würde sich bewusst strafbar machen, wenn er die Unwahrheit sagt. - So weit, so gut.

Die Frage drängt sich aber auf, ob die Aussage des Zeugen durch diesen Schwur tatsächlich der Wahrheit mehr entspricht als ohne die Eidesformel.

Das Einbeziehen der Bibel macht diesen Schwur quasi zu einer heiligen und unantastbaren Sache. Es handelt sich hier offensichtlich um den etwas krampfhaften Versuch, hinsichtlich der gesuchten Wahrheit wirklich festen Boden unter die Füße zu kriegen, indem Gott mit eingespannt wird. Dabei dürfte allen Beteiligten klar sein, wie leicht sich in der Tat auch ein Meineid schwören lässt.

Die Vereidigung hat zwar im negativen Fall strafrechtliche Konsequenzen (wie übrigens eine unbeeidete Falschaussage auch: vgl. §§ 153-154 unseres Strafgesetzbuches!), doch bleibt sie in erster Linie ein psychologisches Mittel, das Erinnerungsvermögen des Zeugen zu schärfen und ihn an seine grundsätzliche Pflicht zur Wahrheit zu erinnern.

Bei den erwähnten Filmen muss ich auch immer wieder daran denken, wie wehrlos die Bibel gegen ihren Missbrauch ist und wie wenig sich oft selbst diejenigen Menschen in diesem Buch auskennen, die sich so betont und öffentlich auf sie und damit auf Gott (!) berufen.

Würde nämlich jemand die zum Schwur benutzte Bibel tatsächlich aufschlagen und die eingangs zitierte Stelle aus der Bergpredigt im Gerichtssaal laut vorlesen, hätte das vermutlich ein betretenes Schweigen zur Folge.

Bekanntlich ist ein Gerichtssaal aber nicht der einzige Ort, an dem Eide abgelegt werden: Präsidenten und Minister werden bei ihrem Amtsantritt vereidigt, ihren Dienst „zum Wohle des Volkes" auszuüben. Soldaten schwören einen „Fahneneid", das Vaterland im Falle eines Angriffs unter Einsatz ihres Lebens zu verteidigen. Alle Beschäftigten im Öffentlichen Dienst müssen bei ihrer Einstellung einen Eid auf die Verfassung schwören. Selbst in der Kirche ist das nicht anders - obwohl man gerade dort eine andere Praxis erwarten sollte.

Jesus formuliert es klar und deutlich: „Schwört überhaupt nicht ... Euer Ja sei ein Ja, euer Nein ein Nein"! Er wusste sehr wohl, wie nutzlos der Eidesschwur bei der Findung der Wahrheit sein kann.

Wenn ich einem anderen nicht glaube, was er mir sagt, hilft letztlich auch kein Schwören, dass dies die volle Wahrheit sei. Wer sich trotzdem auf diese Weise meint absichern zu können, steht auf schwankendem Boden. Zudem: Was ist das für eine Wahrheit, die man nur durch eine Strafandrohung meint enthüllen zu können?

Die Wahrheit ist nicht garantierbar. Sie muss erst einmal *geglaubt* werden. Und nur manches davon lässt sich beweisen.

Aber: Von welcher Art Wahrheit ist hier eigentlich die Rede? Was ist überhaupt Wahrheit? Eine große Frage (vgl. Pilatus in Joh 18,38), die nicht so leicht zu beantworten ist.

Jedenfalls nicht allgemeingültig. Da kann uns schon die Unterscheidung ein Stück weiterhelfen, dass es drei verschiedene Bedeutungen von „Wahrheit" gibt.

Erstens ist Wahrheit eine *Eigenschaft von Sätzen*. Das heißt, alles, was ich sage oder schreibe, hat immer zuerst den Status einer Behauptung. Je nachdem, was ich da gerade zu einem anderen sage, lässt sich der Wahrheitsgehalt meiner Worte schon im nächsten Moment überprüfen. Für die Aussage „Es regnet" genügt schon der kontrollierende Blick aus dem Fenster. Wer dagegen auf die leise Erkundigung, ob er schon schlafe, mit einem bestätigenden „Ja" antwortet, der zeigt unzweideutig, worum es bei dieser Art von Wahrheit geht: Eine Aussage (Behauptung) ist nur dann wahr, wenn sie mit den Fakten übereinstimmt. Man nennt sie daher auch eine logische oder Urteils-Wahrheit.

Zweitens bezeichnen wir einen Sachverhalt als wahr, wenn er *mit unserer Vorstellung von dieser Sache* übereinstimmt. Du sagst zum Beispiel „Peter ist ein wahrer Freund!".

Damit hast Du zum Ausdruck gebracht, dass sein Verhalten dem entspricht, was Du unter einer wirklichen Freundschaft verstehst. Hier geht es also nicht darum, dass ein *Satz* wahr ist, sondern eine konkrete Wirklichkeit. Die Wahrheit der Realität wird an der mit ihr verbundenen *Idee* gemessen. - Klar?

Eine dritte Weise von Wahrheit zu sprechen, betrifft die Frage nach uns selbst: Was ist der Mensch? Was ist seine Bestimmung? Nach welcher Vorstellung des Menschseins beurteilen wir den einzelnen Menschen - und uns selbst? Wann ist jemand wirklich ein Mensch, wahrhaft menschlich? Welche Idee vom Menschen *sollte* allgemein gültig sein, damit sich alle auf sie verständigen könnten?

Was also ist die Wahrheit des Menschen? Genau diese Seite der Wahrheit liegt Jesus am Herzen.

Hier geht es um die letzte *Tiefendimension* unseres Lebens, um unser eigentliches Wesen. Deswegen spricht man auch (wie im zweiten Fall) von der Wesens-Wahrheit. Die Frage könnte auch lauten: Wie finde ich zu mir selbst? Wer bin ich überhaupt?

Der Blick ist also schließlich auf unsere *Identität* gerichtet, auf den Unterschied zwischen dem, wie wir sind, und dem, wie wir sein könnten bzw. sein sollen. Da bleibt wohl bei jedem von uns eine Differenz offen. Es ist dementsprechend nicht nur damit getan, sachbezogen die Wahrheit *zu sagen*, jeder von uns soll selber *wahr werden!*

Die Frage nach dem Menschen war seit jeher das Thema der Philosophie und der Religion. Beide haben uns eine bunte Vielfalt von Antworten beschert.

Die Antwort des Christentums heißt: Jesus von Nazaret. An ihm wird deutlich, so bekennt der Glaube, was die Wahrheit über Gott und den Menschen ist und wie der wahre Weg zu einem guten Leben verläuft. Aber die Wahrheit, für die Jesus steht, ist eben keine, die sich in ein paar wenigen Sätzen einfangen und für alle Zeit unverändert aufbewahren lässt.

Seine Wahrheit führt uns in einen offenen Suchprozess, in dem lediglich eine eher generelle Zielbestimmung sowie einige begrenzende Eckpfähle vorgegeben sind.

Die Wahrheit - was auch immer wir als solche glauben gefunden zu haben - ist ein zerbrechliches Gebilde. Wenn Jesus vom Schwören so eindeutig abrät, will er umgekehrt aber zu einem bewussteren und sensibleren Umgang mit der Wahrheit hinführen. Er weiß, wie unersetzbar die Wahrheit im Miteinander der Menschen ist und wie unheilbar der Schaden, wenn erst einmal die Lüge oder die Halbwahrheit, die Maskerade und das gegenseitige Austricksen die Oberhand gewonnen haben.

Du wirst selber schon erlebt haben, wie rücksichtslos jemandem die Wahrheit wie ein nasser Waschlappen „um die Ohren gehauen" oder wie mitfühlend sie einem „beigebracht" werden kann. Wahrheit und Wahrheit sind eben nicht immer dasselbe. Doch es führt kein Weg um sie herum. Sie gehört zum Leben wie Luft und Wasser.

Ohne sie kann es kein Glück, keine Liebe, keine Freiheit, keine Freude und erst recht keine Erlösung geben.

Was weißt Du über dich selbst? Wie ehrlich bist Du zu dir selbst? Hast Du Dich schon einmal selbst belogen? Welche Absicht verfolgst Du, wenn Du einem anderen ganz ehrlich sagst, was Du über ihn denkst? Wann tut die Wahrheit gut, wann schmerzt sie, wann zerstört sie sogar? Wann fällt es Dir leicht, unangenehme Wahrheiten über dich selbst anzuhören und Dein Verhalten daraufhin zu ändern?

Wie schwierig es zuweilen sein kann, wahrhaftig zu sein bzw. einfach die nackte Wahrheit und nichts als die Wahrheit zu sagen, belegen die folgenden Beispiele.

1. Soll, darf oder muss ein Arzt einen schwer oder gar unheilbar kranken Patienten wahrheitsgemäß und lückenlos über seinen Zustand informieren, dass er z. B. nur noch eine sehr begrenzte Lebenszeit vor sich hat?

Hat der Patient nicht ein uneingeschränktes Recht auf alle Untersuchungsergebnisse oder darf der Arzt gegebenenfalls auch einen Teil seines Wissens für sich behalten, weil der Patient die „volle" Wahrheit in seiner derzeitigen Verfassung eventuell gar nicht verkraften könnte? Würde die noch vorhandene Hoffnung auf eine mögliche Genesung nicht durch ein paar „wahre" Worte völlig zerschlagen und damit diesem Menschen endgültig jeder Lebensmut genommen? - Was hat Vorrang?

2. Darf sich ein Journalist unter falschem Namen und mit gefälschten Papieren in die Redaktion einer als unseriös geltenden Zeitung einschmuggeln, dort einige Zeit - ebenso unseriös - mitarbeiten, um nach seinem plötzlichen Ausscheiden der ahnungslosen Öffentlichkeit endlich einmal die Augen darüber zu öffnen, wie verlogen bei dieser Zeitung gearbeitet wird? - Heiligt der Zweck die Mittel?

3. Ist es in Ordnung, wenn der Lehrer einem Schüler, dem die Schule offensichtlich viel ehrliche Mühe abverlangt und der sich mit seinen Noten dennoch bestenfalls im Mittelfeld bewegt, einmal eine, durch seine Leistung nicht unbedingt gerechtfertigte, bessere Note gibt, um ihn so zu ermutigen und anzuspornen? - Darf der Lehrer also in seiner Beurteilung zu Recht mit zweierlei Maß messen?

4. Ist der soeben nach seiner Bundeswehrzeit heimgekehrte junge Mann verpflichtet, seiner Freundin, mit der er schon seit fast drei Jahren zusammen ist und die er aufrichtig liebt, zu gestehen, dass er sich kürzlich von seinen Kameraden zu einem Bordellbesuch hat überreden lassen? Warum nicht, mag er sich sagen: Dort ging es ja schließlich „nur" um Sex.

Er weiß aber auch, wie eifersüchtig seine Freundin ist und dass sie vielleicht mit ihm Schluss macht, wenn sie davon erfährt. - Richtet die nackte Wahrheit hier mehr Schaden an, als dass sie die Verhältnisse klärt?

Und so weiter, und so fort. Ich nehme an, Dir fallen selber noch weitere Beispiele ein, wo die Wahrhaftigkeit auf wackeligen Beinen steht. Unser Alltag ist voll von derartigen Situationen. Jedes Mal stehen wir dabei vor dem großen und herausfordernden Fragezeichen nach der Wahrheit.

Wie viel Raum geben wir ihr - in uns selbst und in den Beziehungen zu anderen? Wie viele Chancen geben wir uns und anderen, mit der eigenen Person, dem eigenen Inneren, übereinzustimmen, also *in Wahrheit* zu leben?

Das bedeutet für jeden von uns ein dauerhaftes Stück Seelenarbeit. Darauf würde ich schwören - wenn es nützte.

Auszug aus: R. Jungnitsch: Wie soll das einer glauben?, Norderstedt 2018, 138-145

2. Gespräche über den Glauben

2.1 Religion: Wozu brauchen wir so etwas überhaupt?

Wozu brauche ich eigentlich Religion? Ich komme doch auch so ganz gut durchs Leben. Und vermissen tue ich ehrlicherweise dabei auch nichts. Aber wichtiger scheint mir noch ein anderer Grund zu sein, von jeder Religion ganz bewusst Abstand zu halten, nämlich all die weltweiten Konflikte, die immer irgendwie mit einem religiösen Glauben zu tun haben und unsägliches Leid verursachen. Was soll da an Religion noch gut sein? Wären wir nicht besser dran, auf alle Religionen zu verzichten, sie durch vernünftige Aufklärung zu entmachten?

Deine Kritik und Ablehnung ist mir teilweise nachvollziehbar. Es gibt leider zu viel Missbrauch von Religion. Krieg, Mord, Unterdrückung und Verfolgung im Namen eines bestimmten Glaubens dürfen nirgendwo toleriert werden. Sie sind immer fatale Ausgeburten von Intoleranz, Dummheit und Egoismus, letztlich sogar eine Folge von fehlender oder fehlgeleiteter Bildung. An diesen schmerzlichen Auswüchsen in den Religionen gibt es nichts zu beschönigen. Da gebe ich dir völlig Recht. - Aber was wäre denn, nur mal so angenommen, wenn es gar keine Religionen (mehr) gäbe?

Dann gäbe es zumindest keinen Streit mehr wegen des Glaubens. Niemand hätte einen Grund, die eigene Weltanschauung für die absolute Wahrheit zu halten und sie gar mit dem Schwert zu verbreiten oder zu verteidigen. Die Welt wäre dann ein gutes Stück friedlicher.

Vielleicht. Aber denkst Du wirklich - um bei dieser Phantasievorstellung zu bleiben, dass es keine Religionen mehr gäbe - die Menschen würden dann gar nichts mehr glauben?

Vermutlich schon. Das lässt sich wahrscheinlich nicht verhindern. An irgendetwas glauben die Leute ja immer, und sei es der größte Unfug.

Lassen wir erstmal die Inhalte beiseite. Du hast gerade selber angenommen, dass das Thema Glaube nicht einfach aus der Welt zu schaffen ist. Das scheint mir wichtig, denn die ganze Diskussion um Religion und ihren Missbrauch, um Gewalt im Namen Gottes usw. ist mir zu oberflächlich und zu allgemein. Hier wird vieles in einen Topf geworfen, mit einer guten Portion an Unwissen und Vorurteilen angereichert - und am Ende kommt ein ziemlich unverdaulicher Brei heraus, der nicht weiterhilft, weil er nichts wirklich klärt, sondern die unterschiedlichen Auffassungen eher noch zementiert und verschärft. Wir sollten also etwas genauer hinschauen und korrekter fragen.

Wie meinst du das?

Nun, wenn wir die Sache besser verstehen wollen, müssen wir unsere eigenen Vorstellungen und Wahrnehmungen genauer unter die Lupe nehmen. Wir müssen fragen: Worum geht es bei der Sache eigentlich? Was bedeutet es, religiös zu sein? Wie vernünftig ist es, z. B. an Gott und ein Jenseits zu glauben?

Müssen wir überhaupt an irgendetwas glauben? Wozu ist Religion gut? usw.

Du siehst, es gibt eine Reihe ganz grundsätzlicher Fragen, die auftauchen, wenn man sich etwas gründlicher mit Glaube und Religion beschäftigt, und die eine erste Antwort verlangen, wenn man wirklich verstehen will und der eigene Standpunkt am Ende Hand und Fuß haben soll. Verstehst Du, was ich meine?

Ich denke schon. Jedenfalls merke ich, dass ich über manche dieser Fragen noch nie weiter nachgedacht oder mich genauer informiert habe. Das ganze Thema gehörte für mich bisher zu den abgelegten Akten. Jetzt aber, wo ich unserem Sohn eine vertretbare Auskunft in dieser Sache geben soll, werden mir die Wissenslücken erst richtig bewusst. Es wäre wohl gut, wenn wir die ganze Sache etwas systematischer angehen, damit sich in meinem Kopf nicht noch mehr Verwirrung ausbreitet.

Einverstanden. Das macht Sinn. Also versuchen wir erstmal einen großen Kreis zu ziehen und beginnen mit dem Begriff, der alles andere einzurahmen scheint, der Religion. Danach sollten wir mal genauer hinsehen, was Glauben bedeutet und wie der religiöse Glaube sich zum Wissen und zur Wissenschaft in Beziehung setzen lässt.

Ich denke, das kommt vielleicht deiner naturwissenschaftlich geprägten Einstellung entgegen. Also frage ich mal ganz direkt: Was ist für dich Religion? Was verbindest du damit?

Hmm, erstmal denke ich dabei an Kirche, an Gottesdienste, unsere Trauung, die Taufe unseres Sohnes, ganz allgemein den Glauben an Gott...

Gut, das gehört natürlich alles dazu, mehr oder weniger zentral. Und du hast natürlich in erster Linie einige Stichworte zur christlichen Religion aufgezählt, da sie in unserem Kulturraum immer noch vorherrschend ist, zumindest äußerlich. Aber wir leben heute, auch hierzulande, in einem religiösen Pluralismus. Menschen, die ganz verschiedenen religiösen Traditionen folgen, sind unsere Nachbarn, Arbeitskollegen und Freunde. Was macht, neben all den Unterschieden zwischen diesen Religionen, deren Gemeinsamkeit aus? Gibt es so etwas wie einen roten Faden, der sie miteinander verknüpft?

Dass sie an etwas Höheres glauben, einen Gott, mehrere Götter, dass sie sich an einer heiligen Schrift orientieren, bestimmte Rituale pflegen, ihr Leben an genauen Moralvorgaben ausrichten – und zum Schluss auf ein besseres Leben im Jenseits hoffen. Das scheint mir bei allen irgendwie eine Rolle zu spielen.

Das ist als kurzgefasstes Grundmuster sicher richtig. Jede Religion ist quasi ein Weg, den man gemeinsam geht, indem man einer bestimmten Botschaft folgt.

Du merkst, wir versuchen gerade eine Art Basis-Definition von Religion zu formulieren. Wir müssen nämlich fragen: Wie konnte Religion überhaupt entstehen? Welche Erfahrungen und Beobachtungen liegen dem zugrunde?

Der Schlüssel dazu liegt wohl in ferner Vergangenheit. Aber lässt sich das so genau feststellen?

Soweit wir heute wissen, haben unsere Vorfahren vor ungefähr 100 000 Jahren begonnen, ihre toten Artgenossen rituell zu bestatten, das heißt die Toten wurden bewusst mit verschiedenen Beigaben in die Erde gelegt.

Das Beerdigen wurde in den folgenden Jahrtausenden zu einer typisch menschlichen Verhaltensweise, die wir eben von Tieren nicht kennen. Die Hinterbliebenen standen schon damals vor dem größten Rätsel unserer Existenz: Was geschieht im Tod?

Ist das der absolute Schluss-Strich, die endgültige Auslöschung dieses Individuums, oder „leben" die Toten nun doch „woanders" weiter? Die Grabbeigaben deuten darauf hin, dass sich bereits in der Frühzeit unserer Gattung erste Vorstellungen einer Weiterexistenz gebildet haben.

Und hier liegt vermutlich der ursprüngliche Impuls aller späteren Gestalten von Religion. An der Frage nach Tod und Jenseits hängen nämlich letztlich auch die möglichen Antworten über den Sinn des Daseins und der richtigen Lebenspraxis. Ein komplettes Welt- und Menschenbild entfaltet sich dann aus dieser Grenzerfahrung unserer Endlichkeit. Und klar war auch von Anfang an: Der Tod markiert zugleich die Grenze unseres Erkennens. Wir wissen nicht, was hinter dieser Grenze liegt! An dieser Stelle beginnt immer die Deutung, der Glaube. Das hat sich bis heute nichts geändert.

Also jeder Mensch steht vor der Herausforderung, sich mit der eigenen Sterblichkeit auseinanderzusetzen, der religiöse Mensch als auch ein Atheist. Niemand kommt daran vorbei.

Und wenn das das Kernelement aller Religiosität ist, dann darf man sogar sagen, dass jeder, der sich ernsthaft mit der Endlichkeit des Lebens und der sich daraus ergebenden Sinnfrage beschäftigt, faktisch das

Kerngeschäft der Religion betreibt. Ist das für dich nachvollziehbar?

Unter diesem Blickwinkel schon. So habe ich es bisher nur nicht gesehen. Soll das also jetzt eine Art von Definition der Religion sein, Nachdenken über den Tod?

Eine Definition, quasi mit wissenschaftlichem Anspruch, ist das natürlich nicht, so wie du das wohl aus der Physik oder Mathematik kennst. Das Phänomen Religion ist viel zu facettenreich und teils auch widersprüchlich, um es mit einer möglichst griffigen Definition wirklich fassen und gültig beschreiben zu können. Es gibt bislang keine allseits stimmige Formel. Es gibt nur eine Vielzahl von Versuchen, die Sache mit Worten und Begriffen irgendwie auf den Punkt zu bringen, sei es historisch, psychologisch, religionswissenschaftlich, theologisch oder soziologisch. Jeder Ansatz trifft wohl irgendeine Ecke mehr oder weniger richtig, bleibt aber stets nur ein Puzzleteil. Das Thema Religion gleicht einem großen bunten Garten, in dem so Verschiedenartiges wächst und gedeiht, dass man schnell einsieht, diese farbenfrohe Vielfalt auf einen Nenner bringen zu wollen, ist gar nicht möglich und sinnvoll. Wir sind nur nicht mehr daran gewöhnt, mit einer solchen widerspenstigen und nur unscharf beschreibbaren Wirklichkeit angemessen umzugehen. Das passt nicht recht in ein naturwissenschaftlich-technisches Denkmodell, wie es heute vorherrscht.

Da stimme ich zu. Wenn eine Sache so diffus und schwammig daherkommt, dann macht sie das Verstehen zu einem echten Problem. Mir als Ingenieur bereitet es immer Unbehagen, wenn ich einer Sache nicht logisch und vernünftig auf den Grund gehen kann. Und die Religion gehört offenbar dazu.

Das dürfte dir aber auch in anderen Bereichen schon so ergangen sein, und die kann man nicht so einfach beiseitelassen, weil sie ganz zentral ins Leben gehören. Ich denke dabei an so „schwammige" Angelegenheiten wie Liebe, Freundschaft, Partnerschaft, ja überhaupt die Begegnung mit anderen Menschen. Hier gibt es auch keine anwendbaren Formeln und Definitionen, die uns die Praxis spielend einfach machen würden. – Es wäre auch schlimm, wenn es die gäbe. Die wirklich wichtigen Dinge des Lebens funktionieren eben nicht wie Mathematik.

Aber das heißt ja nicht, dass es in diesen Dingen keine Erkenntnisse gibt, keinerlei Erklärungen und Einsichten, was sie bedeuten, wie man dabei etwas richtig oder falsch machen kann.

Das ist nicht zu bestreiten. Aber alles, was mit zwischenmenschlichen Beziehungen zu tun hat, mit deren Gelingen oder Scheitern, bleibt im konkreten Fall immer eine originäre Erfahrung, aus der wir vielleicht etwas lernen, um Fehler und Dummheiten möglichst nicht zu wiederholen.

Dennoch beschert uns jeder Tag neue Begegnungen und Erfahrungen – als neue Herausforderungen.

Wir bleiben darin auch nicht nur auf unsere eigenen Erfahrungen angewiesen, sondern können auch auf den Erfahrungsschatz anderer Menschen zurückgreifen. So lernt euer Sohn eine ganze Menge von seinen Eltern.

Ihr gebt ihm eure Lebenserfahrung mit auf den Weg, damit er davon profitieren kann. Das nennt man Kultur. Wir leben stets auch von den Einsichten, die andere Menschen vor uns herausgefunden haben. Über Freundschaft und Liebe sind schon einige gute Bücher geschrieben worden, aus denen man etwas lernen kann. Aber diese „Übertragung" ist nur in einem beschränkten Maße möglich. Viele erfreulichen und auch leidvollen Erfahrungen müssen wir zwangsläufig im Original verbuchen. Wie sich ein Stromschlag oder der erste Kuss anfühlt, könnt ihr eurem Sohn nicht mit noch so vielen Worten erklären. Er wird irgendwann selber „wissen", wie das ist. Gerade für Eltern ist es oft schwer, dem eigenen Kind die Erfahrungen von Schmerz, Leid und Trauer nicht ersparen zu können.

Worauf ich aber eigentlich hinweisen möchte, ist die Tatsache, dass die Bewältigung der wirklich wichtigen Dinge im Leben, nämlich die existenziellen Fragen nach

Tod, Liebe, Schuld, Freiheit, Leid, Glück, Gerechtigkeit, Sinn usw. weniger durch äußerliches Faktenwissen gelingt, sondern durch gemeinsam interpretierte Erfahrungen. Es geht um ein „Lebenswissen", das jeder Einzelne subjektiv für sich erarbeitet. Da wir als Menschen aber wesentlich auf Gemeinschaft und Kommunikation angewiesen sind, teilen wir unsere Erfahrungen, um uns gegenseitig zu helfen. Sie bekommen dadurch einen gewissen Charakter von „Objektivität".

Das ist natürlich eine andere Art von Objektivität als die, die du aus der wissenschaftlichen Sprache kennst. Die intersubjektiven „Wahrheiten" über die Welt und das Leben sind der eigentliche Brunnen aus dem wir schöpfen, um den Alltag zu bestehen. Wir interpretieren ständig uns selbst, die Mitmenschen, die Situationen, um uns darin zurecht zu finden, uns einen Reim auf alles machen zu können. Um dieses Nachdenken und Einfühlen kann sich niemand wirklich drücken. Es ist das Strickmuster unseres Lebens. Nichts Anderes ist schließlich das Anliegen der Religion. Sie deutet den Sinn und Zweck des Daseins angesichts der allumfassenden Vergänglichkeit. Darum „brauchen" wir nicht nur die Religion, wir praktizieren das, was sie im Kern meint, schon immer in unserem Alltag, mehr oder weniger bewusst, näher oder ferner zum Kontext der etablierten Kirchen und Religionen.

Wenn man also Religion so versteht, dann ist jeder Mensch irgendwie „religiös", wenn er sich mit den genannten Lebensfragen herumschlägt. Das ist aber nicht gerade das verbreitete Verständnis von Religion. Und es wird auch nicht jedem schmecken, für religiös gehalten zu werden, gerade wenn man sich ganz bewusst von solchen Bekenntnissen und Organisationen distanziert, sich sogar als Atheist versteht.

Klar. Aber es geht mir nicht darum, den Religions- kritiker, den vermeintlich Ungläubigen, hinterlistig zu vereinnahmen. Im Gegenteil. Viele der vorgebrachten Argumente – vor allem gegenüber der Kirche – kann ich nachvollziehen, teile sogar manche davon. Zu klären ist aber immer, welches Verständnis von Religion oder Kirche liegt der Kritik zugrunde. Wogegen wird da gekämpft? Der Begriff der Religion ist dann weniger wichtig als die gemeinte Sache. Und wenn wir das fundamentale Anliegen der Religion gemeinsam im beschriebenen Sinne verstehen, liegen die Standpunkte vielleicht gar nicht so weit auseinander. Dann kann ein konstruktiver Dialog über die Existenzfragen beginnen…

Gut, dass Religion nicht mit Kirche gleichzusetzen ist, habe ich jetzt verstanden. Und auch, worum es allen Religionen im Grunde geht. Damit wird mir die Sache schon etwas verständlicher und vertrauter. Danke für diesen ersten Einblick.

Auszug aus: R. Jungnitsch: Ach, so ist das gemeint!, Norderstedt 2020, 16-26

2.2 Wenn die passenden Worte fehlen

Woher stammt eigentlich das Wort „Gott"? Ich meine, irgendwer muss es doch mal erfunden haben. Oder liege ich da so falsch?

Alle Wörter sind menschlichen Ursprungs. Das Wort Gott hat uralte Wurzeln im germanischen Sprachraum, deren einzelne Bedeutungen jedoch umstritten sind. Aber die sprachlichen Quellen bringen uns erstmal nicht viel weiter. Es ist eben ein Wort unserer Sprachkultur, eine Art Gattungsbegriff, der alles und nichts sagt.

Wenn mich zum Beispiel jemand fragt, ob ich an Gott glaube, muss ich mich weigern, mit einem knappen Ja oder Nein zu antworten. Ganz einfach, weil ich nicht weiß, was der Frager in seinem Kopf mit dem Wort Gott verbindet. Meine Zustimmung oder Verneinung verbindet er automatisch mit seiner mitgebrachten Vorstellung, die ich nicht kenne. Also lautet zuerst meine Rückfrage: Welchen meinst du? Das ruft meist ein skeptisches Stirnrunzeln hervor.

Aber wenn diese Frage hierzulande gestellt wird, im sogenannten christlichen Abendland, wird man doch voraussetzen dürfen, dass man von einer gemeinsamen Vorstellung ausgeht, oder nicht?

Das scheint mir eine trügerische Annahme. Spätestens nach ein paar Sätzen zeigen sich wahrscheinlich die ersten Differenzen, auch innerhalb der gleichen Glaubenstradition. Vielleicht muss man sogar sagen: Eine Gottesvorstellung ist so individuell, dass es dabei kaum Zwillinge gibt, wohl aber unterschiedliche Verwandtschaftsgrade im Glauben. Das vergleichende Gespräch kann sich ja auch nur des gemeinsamen Wortschatzes bedienen und da kommen leicht manche gedanklichen Inhalte schnell an ihre sprachliche Darstellungsgrenze. Das eigene Denken und Fühlen angemessen in Worte zu kleiden bleibt immer ein Kunstgriff. Und auch wenn ich selber den Eindruck habe, mich verständlich ausgedrückt zu haben, weiß ich immer noch nicht, was in den Ohren des Anderen angekommen ist. –

Aber bleiben wir doch bei deiner Idee, es sei ein „erfundener" Begriff. Natürlich ist er das. Da Worte und Begriffe immer etwas darstellen, bezeichnen und vermitteln wollen, das sie ja nicht selber sind, stellt sich immer die Frage nach dem Inhalt, der Bedeutung eines Wortes. Bei sinnlich wahrnehmbaren Objekten ist das noch vergleichsweise simpel.

Wenn es aber um abstrakte Inhalte geht, wird es um Längen schwieriger. Wenn ich etwa „Stuhl" sage, wirst du im Prinzip wissen, was ich meine.

Wenn es aber um Begriffe wie beispielsweise Liebe oder Gerechtigkeit geht, kann ich keineswegs unterstellen, dass wir automatisch darüber das Gleiche im Kopf haben. Die Wahrheit über gemeinsame oder sogar widersprüchliche Auffassungen wird erst der weitere Austausch zeigen.

Das erinnert mich an die Gespräche, die ich mit meiner Frau geführt habe als wir uns kennenlernten. Unsere Vorstellungen von Liebe, Ehe und Familie gingen damals leicht auseinander. Erst nach vielen langen Abenden waren wir uns soweit einig, dass wir das nicht mehr diskutieren mussten. Dabei habe ich viel durch ihre weibliche Sichtweise gelernt, da Frauen nun mal anders denken als Männer. Und ich lerne immer noch.

Also: Wenn Worte auf etwas hindeuten, etwas Gemeintes durch Laute transportierbar machen, stellt sich gerade bei dem Wort Gott die Frage, für was es steht und was der Sprecher damit meint. Welche Erfahrungen stehen dabei im Hintergrund?

Bei unseren Vorfahren in vorgeschichtlicher Zeit waren die Erscheinungen der Natur schicksalhafte Mächte, denen sie sich weithin hilflos ausgesetzt sahen.

Blitz und Donner, Regen und Dürre, Überschwemmungen und Krankheiten, die Fruchtbarkeit bei Tier und Mensch, Vorgänge, die Tod oder Leben bedeuten konnten.

Sie sahen hinter diesen Erscheinungen offenbar unsichtbare Verursacher am Werk, die den eigenen Kräften und Möglichkeiten weit überlegen waren. Diese ungreifbaren Mächte wurden dann mit der Zeit personalisiert, also wie eine Art übermenschliches und allmächtiges Gegenüber verstanden.

So wurden die ersten „Götter" geboren, die jeweils für verschiedene Naturphänomene zuständig erklärt wurden. Zugleich wurde aber deren „Wirken" als recht willkürlich wahrgenommen, wodurch die typisch menschliche Neigung zu einem Ursache-Wirkung-Denken schließlich zur Praxis des Opfers geführt hat. Die unberechenbaren Götter mussten bei Laune gehalten werden, um die lebensnotwendige Ernte zu sichern usw.

Das waren die ersten Erfahrungen mit Transzendenz, also mit einer Wirklichkeit, die jenseits der sinnlichen Erfahrung liegt. Die Götter waren da, waren überall wirksam, aber selber nicht zu greifen. Nach dem Aufkommen der Schrift spiegelt sich dieses Denken in zahlreichen Mythologien wieder, die wir heute noch kennen.

Die mythischen Göttergestalten der Griechen, Römer und Germanen. Davon habe ich in Jugendtagen auch gelesen. Das waren spannende Abenteuergeschichten.

Solche Mythen gab es bei allen Völkern. Das waren ihre in Geschichten erzählte Deutung der Welt. Für sie waren es aber nicht nur Geschichten, es war buchstäblich die Wahrheit darüber, wie alles letztlich zusammenhängt, warum etwas geschieht.

Wir leben nicht mehr in dieser Denkwelt. Diese Erzählungen hören wir heute anders als die Menschen damals. Die Naturwissenschaften haben in den letzten Jahrhunderten andere, eben „natürliche" Ursachen für Blitz, Donner, Erdbeben oder Krankheiten herausgefunden, so dass die altüberlieferten Götter Schritt für Schritt arbeitslos wurden und ihre Bedeutung verloren.

Trotzdem haben die Mythen ihre Faszination nicht eingebüßt. Nicht nur, dass sie auch heute noch gern gelesen werden, insbesondere das Kino hat begeistert immer wieder auf diesen Fundus von Abenteuer und Action zurückgegriffen. Zeus, Herkules & Co. Waren plötzlich auf der Leinwand zu sehen.

Oder auch „Der Herr der Ringe" und „Der Hobbit", die schon als Bücher von J. R. R. Tolkien sehr erfolgreich waren, in denen er viele Motive der nordischen Mythologie verarbeitet hatte.

Das klingt so, als hätte sich die Religion durch die „Aufklärung"
der Naturwissenschaften schon längst auflösen müssen, da es
keinen Grund mehr gab, an Götter oder auch nur einen Gott zu
glauben.

Das ist aber nicht der Fall. Und schon nach unserem ersten
Gespräch habe ich verstanden, dass die Religion einen
tieferliegenden Charakter hat. Das klärt für mich aber noch nicht
den Grund, weiterhin an ein göttliches Wesen zu glauben.

Nun, versuchen wir es der Reihe nach. Religions-
geschichtlich war es ein revolutionärer Sprung vom
Polytheismus, also dem Glauben an die Existenz vieler
Götter, hin zum Monotheismus, dem Glauben an einen
einzigen Gott. Einen ersten Versuch in diese Richtung
kennen wir aus dem alten Ägypten, wo der Pharao
Echnaton vor über 3000 Jahren nur noch den
Sonnengott Aton verehren ließ. Nach seinem Tod
übernahmen allerdings die Priester der durch ihn
abgeschafften Götter das Regiment. Jahrhunderte
später gewann der monotheistische Glaube bei den
Israeliten zunehmend an Gewicht. Doch es war ein
langer Kampf bis sich der Ein-Gott-Glaube durchgesetzt
hatte. Das Alte Testament erzählt an vielen Stellen von
dieser Auseinandersetzung der Glaubensrichtungen.
Der dann fest verankerte Monotheismus des
Judentums wurde in der Folge auch die Basis des
Christentums.

Bis in die Neuzeit war der biblische Gott die logisch-erklärende Antwort auf die Fragen nach dem Ursprung der Welt und den Ereignissen im Leben.

Es war ein geschlossenes Denksystem, das scheinbar keine Lücken kannte. Gott war der, der über alles herrschte, der belohnte und bestrafte, dessen ultimative Autorität und Macht niemand bezweifelte. Die Kirche sah sich als die weltliche Vertretung Gottes und festigte dadurch ihre irdische Macht. Ihre Sicht und Autorität in Zweifel zu ziehen, bedeutete faktisch, Gott zu kritisieren. Das war ungeheuerlich und endete für die Andersdenkenden meist tödlich. Das hat sich zum Glück geändert.

Wenn ich recht weiß, waren früher auch Könige und Kaiser „von Gottes Gnaden" in ihren Ämtern. Gott war also nicht nur für kirchliche Würdenträger die unantastbare Begründung für ihre gesellschaftliche Stellung, auch die weltlichen Herrscher nutzen den göttlichen Legitimationsschirm.

Das garantiert nicht nur die ungestörte Machtausübung, es ist auch eine bequeme und sehr wirkungsvolle Methode, jede Opposition schon im Keim zu ersticken.

Ein wenig erfreuliches Kapitel der Geschichte, in das sich wohl niemand zurückwünscht.

Was es aber überdeutlich vor Augen führt ist die umfassende gesellschaftliche Wirkungskraft der allseits geteilten Idee: Gott ist der oberste Herrscher, der

Gehorsam und Wohlverhalten fordert und in der Konsequenz als Belohner oder Bestrafer gesehen wird.

Das ist nur eine von vielen Gottesvorstellungen, die in den Köpfen zahlreicher Menschen sehr aktiv gewirkt haben – und zum Teil immer noch anzutreffen sind.

Ich muss gestehen, dass mir diese Vorstellung sehr vertraut ist, weshalb ich dem Gottesglauben auch zunehmend mit Abstand begegnet bin, ja, mich umgekehrt eher als Atheisten beschrieben habe - wenn auch nicht besonders reflektiert. Das war für mich kein Gott, mit dem ich etwas zu tun haben wollte.

Kann ich gut verstehen. Gerade diese Gottesvorstellungen werden seitens der Psychologie als „dämonische Gottesbilder" bezeichnet, weil sie vor allem Angst schüren und so die Seele vergiften. Das kann nicht Gottes Wille sein. –

Auch die Bibel kennt eine Vielzahl von Gottesbildern. Gott wird wechselweise als Schöpfer, Richter, Heerführer, Burg, König, Hirte usw. beschrieben. Größtenteils männlich geprägte Vorstellungen, da die Interpretation der Schriften und die lehrende Weitergabe der Tradition in Israel den Männern vorbehalten war.

Dennoch gibt es im Alten Testament auch einige Texte, die von Gott in weiblichen Vergleichen sprechen, etwa als Amme oder tröstende Mutter. Allerdings konnten sie in ihrer patriarchalischen Umwelt leider nie zu einer dominierenden Form der Gottesrede aufblühen.

Steht aber nicht auch im Alten Testament etwas von einem Verbot von Gottesbildern? Wie passt das dann zusammen?

Ja, das stimmt. In den Zehn Geboten wird diese Anweisung ausgesprochen: „Du sollst dir kein Kultbild machen…" (Exodus 20,4). Damit waren ganz handgreiflich reale Götterfiguren gemeint, geschnitzte Statuen, die der Anbetung dienten und zugleich den Gott in sinnliche Nähe brachten.

Das will die Bibel ausschließen. Der biblische Gott ist unsichtbar anwesend, aber nicht darstellbar. Das wird treffend in einer Szene unterstrichen, in der Moses die entscheidende Begegnung mit Gott erlebt. Als Moses am Ende fragt, wie er den Israeliten denn den Gott vorstellen solle, in dessen Auftrag er zu ihnen komme, da erhält er zur Antwort: „Ich bin, der ich bin" (Exodus 3,14). Andere Übersetzer des dort genannten Gottesnamens JHWH formulieren: „Ich bin da, als der ich da bin" oder „Ich werde sein, wer immer ich sein werde". Das ist eine schwierige Stelle, über die bis heute diskutiert wird.

Der Gott, von dem hier die Rede ist, lässt sich nicht in irgendwelchen Gegenständen dingfest machen, auch nicht an bestimmten Orten, wie dem Jerusalemer Tempel. Dieser Gott entzieht sich dem menschlichen

Zugriff, er muss ständig neu gesucht und will immer wieder neu und anders erfahren werden. Das bleibt eine anstrengende Herausforderung.

Darf sich der Gläubige folglich gar keine Vorstellung von Gott machen? Die christlichen Kirchenhäuser, wenigstens die katholischen, sind doch voll von Bildern mit Gott und den Engeln.

Natürlich lässt sich die Phantasie nicht verbieten. Wir dürfen uns im Geiste selbstverständlich ein „Bild" von Gott machen, solange uns bewusst bleibt, dass es bloß subjektive Vorstellungen sind. Erst wenn diese Vorstellungen verobjektiviert werden, also jemand den Anspruch erhebt, dass Gott genau so sei, müssen in allen Ohren die Alarmglocken läuten. Kirchenwände und Museen belegen eben die vielfältige Einbildungskraft der Künstler.

Sie kommen lediglich unserer tiefsitzenden Neigung entgegen, das Unsichtbare dennoch irgendwie vor Augen zu führen. Das ist völlig in Ordnung, wenn die Vorläufigkeit der gemalten oder gedachten Bilder gewahrt bleibt.

Gerade gegenüber Kindern, mit denen man irgendwo solche Bilder anschaut, sollte immer wieder betont werden: Nein, so sieht Gott nicht aus. So hat sich nur der Künstler Gott vorgestellt.

Die gebotene Zurückhaltung in der Vorstellbarkeit Gottes ist übrigens auch amtliche kirchliche Lehre. Im Hochmittelalter wird auf dem Laterankonzil (1215) die folgenreiche Feststellung getroffen:

„Denn zwischen dem Schöpfer und dem Geschöpf kann man keine so große Ähnlichkeit feststellen, dass zwischen ihnen keine noch größere Unähnlichkeit festzustellen wäre" (DH 806). Also: Für die endlichen und begrenzten Geschöpfe ist es unmöglich, den ewigen und unbegrenzten Schöpfer zu begreifen. Denn ein Gott, der vorstellbar und begreifbar wird, ist nicht wirklich Gott, wenigstens in der Konsequenz biblischen Denkens. Der alttestamentliche Gottesname JHWH bleibt deshalb auch so dunkel und mysteriös. Es ist kein Name, wie wir Namen für Dinge oder Personen haben, durch die wir sie identifizieren und eine gewisse Macht über sie haben. Die Bibel lässt Gott in diesem Sinne ungreifbar namenlos.

Was ich vorhin fragte, welche Gründe dafürsprechen, überhaupt an ein „überweltliches Wesen" zu glauben, ist mir noch nicht plausibel. – Aber an der Stelle interessiert mich noch ein anderer Punkt.

Du hast gesagt, dass der Gottesglaube in der Neuzeit durch die wachsenden Erkenntnisse der Naturwissenschaften immer fragwürdiger und bedeutungsloser wurde. Wenn ich mich recht erinnere, gab es aber doch die höchst rationalen Denkmodelle der sogenannten Gottesbeweise, die ihrerseits doch nicht von der Wissenschaft widerlegt werden können. Was hat es damit auf sich?

Die „Gottesbeweise" sind wirklich ein ausgesuchtes Stück philosophisch-theologischer Gedankenakrobatik. Doch schon der Begriff für diese ausgefeilten Denkmodelle ist wenigstens irreführend, denn zwingende Beweise im Sinne einer mathematischen Beweisführung können sie nicht sein. Diesen Anspruch erheben sie auch gar nicht. Ein ultimativer Beweis für die Existenz Gottes würde nicht nur dem Glauben widersprechen, er würde ihn aufheben. Sie sind korrekter als vernünftige Aufweise zu verstehen, dass der Glaube nicht rundum irrational ist, sondern dass Vernunft und Glaube keine konkurrierenden Gegensätze sind, sich umgekehrt gegenseitig ergänzen.

Ein klassisches Beispiel dafür haben wir in unserem letzten Gespräch über die Schöpfung schon kurz skizziert.

Du meinst die Idee mit Gott als erster Ursache…

Genau. Dieses Argument geht auf den griechischen Philosophen Aristoteles (384-322 v. Chr.) zurück und lautet: Alles, was in dieser Welt existiert, lässt sich auf eine Ursache zurückführen.

Die gesamte Welt muss also auch ihrerseits eine Ursache haben, einen Urheber, der alles in Bewegung gesetzt hat. Dieser Urheber oder Schöpfer der Welt, der seinerseits keine Ursache hat, ist Gott.

Wäre auch Gott verursacht, also nur ein „Produkt", so bliebe die Ursachenkette endlos, ohne Grund und Sinn.

Wir haben den Schwachpunkt dieser Argumentation damals schon benannt.

Ich möchte hier nur ein paar ausgewählte Beispiele anfügen, damit wir uns in diese Denkwege nicht unnötig lange verstricken und ich dich nicht zu sehr strapaziere. Mal sehen, ob dir zum Knacken dieser Nüsse etwas einfällt.

Ich will´s gerne versuchen, obwohl ich auf diesem Feld eher ein blutiger Anfänger bin.

Ein anderes berühmtes Argument stammt von Anselm von Canterbury (1033-1109) und lautet sinngemäß: Gott ist das Größte, was von Menschen gedacht werden kann. Dieses Größte schließt alles ein. Dazu gehört auch, dass es real existieren muss.

Denn wäre es bloß als vollkommen gedacht, also nur in unserer Vorstellung, so wäre es nicht vollkommen, da ihm die reale Existenz fehlen würde. Ein unvollkommenes Wesen wäre aber nicht das größte, das wir uns denken können. Da wir die Idee „Gott" besitzen und damit das höchste Wesen meinen, muss es folglich auch existieren.

Die beiden folgenden Ansätze gehen auf Thomas von Aquin (1225-1274) zurück. Er argumentiert zum Beispiel (Kontingenz-Argument):

Alles was existiert, erhält seine Notwendigkeit durch etwas Anderes. Dinge haben die Möglichkeit, zu sein oder nicht zu sein, Dinge also, die werden und vergehen. Wenn aber alle Dinge die Eigenschaft haben, auch irgendwann einmal nicht zu sein, dann waren sie irgendwann auch einmal nicht, dann war also irgendwann einmal nichts. Aus nichts kann aber nichts werden. Nur durch etwas, das bereits ist, kann etwas aus der Möglichkeit zur Wirklichkeit gelangen. Es muss also etwas geben, das nicht bloß möglich ist, sondern von sich aus notwendig. Und das nennen alle Gott.

Und das andere Thomas-Argument lautet:

Vor allem in der Natur laufen viele Prozesse ganz offensichtlich zielgerichtet ab. Es gibt eine Ordnung der Dinge, die wir auch als Naturgesetz bezeichnen: von den Regeln der Zellteilung bis hin zu den berechenbaren Bahnen der Planeten. Die Kräfte, die ordnend und zweckmäßig auf die Materie einwirken, kommen nicht von ungefähr. Sie können ihrerseits kein blindes Zufallsprodukt sein. Jede Ordnung belegt durch ihr Dasein und ihr Funktionieren eine im Hintergrund stehende Vernunft. Die Ordnung dieser Welt weist zweifelsfrei auf eine schöpferische Vernunft hin, die wir Gott nennen.

Du hattest völlig Recht. Für den philosophischen Laien sind das echt harte Nüsse. Spontan weiß ich nicht, wie ich angemessen dagegen argumentieren könnte.

Ich will es darum so kurz und einfach wie möglich auf den Punkt zu bringen.

Anselms (sogenanntes „ontologisches") Argument enthält nämlich einen gedanklichen Trugschluss, von einem Begriff auf die faktische Existenz des Gemeinten zu schließen. Die Existenz ist jedoch keine Eigenschaft einer Sache, wie Anselm unterstellt. Er betrachtet sie aber sogar als eine notwendige Eigenschaft, weshalb dadurch das Dasein Gottes logisch konsequent sei. Das ist aber ein fälschlicher Gebrauch des Begriffs. Mit diesem definitorischen Zaubertrick könnte man ansonsten auch die reale Existenz jedes anderen angenommenen Wesens belegen, indem man das Existieren zu dessen notwendiger Eigenschaft erklärt. Schon wäre das reale Vorkommen von Elfen und Einhörnern eindeutig bewiesen.

Die beiden genannten Denk-Wege des Thomas von Aquin schließen von den empirischen Beobachtungen und Erfahrungen in dieser Welt auf das Dasein Gottes. Thomas geht grundsätzlich von einer Welt aus, die Gott nach vernünftigen Gesichtspunkten geschaffen hat und deren Ordnung der Mensch mit der Vernunft zu durchschauen in der Lage ist.

Wenn wir heute aber die Welt als das Ergebnis einer langen und teils sprunghaften Evolution erklären, auch die gnadenlose Brutalität zwischen den Lebewesen beobachten, genauso wie die schmerzliche Erfahrung, dass bereits Kinder einen grausamen Krebstod sterben können usw. - dann wachsen eher Zweifel und Skepsis, ob Gott diese Welt wirklich so gut und vernünftig eingerichtet hat. Thomas´ Argument klingt dann schon weniger plausibel.

Von der Welt, also unseren Beobachtungen und Erfahrungen, mehr oder weniger logisch direkt auf Gott zu schließen, bleibt ein problematisches Unternehmen.

Auch das Kontingenz-Argument, nach dem alles Existierende auch nicht sein könnte, die Welt offensichtlich keinen in ihr selbst liegenden Grund zum Dasein besitzt, weshalb man konsequent die Existenz von etwas aus sich Notwendigem annehmen müsse, ist nicht wirklich stichhaltig. Hier wird vom Teil auf das Ganze ein trügerischer Fehlschluss eingesetzt. Das ist so, als würde man behaupten: Jeder Mensch hat eine Mutter, also muss auch die Menschheit eine Mutter haben. Das wäre offenbar Humbug. –

Puh, ich will nun nicht den Eindruck erwecken, als hätte ich bei diesen Kletterübungen wirklich mithalten können. Ich denke aber verstanden zu haben, wo die Haken liegen und dass all diese Versuche nicht das angestrebte Ziel erreichen. Mit Beweisen ist die Frage nach Gott also nicht zu klären.

... und mit Gegenbeweisen auch nicht. Aus etwa den gleichen Gründen wird auch jeder Kritiker des Glaubens scheitern müssen, wenn er wiederum mit vermeintlich logischen Argumenten beweisen will, dass es keinen Gott gibt. Der Streit der Positionen lässt sich praktisch auf dieser Ebene nicht führen, wenn man intellektuell redlich bleiben möchte.

Zudem: Was gilt überhaupt als „Beweis"? Was Herr A für einen schlagenden Beweis hält, muss Herrn B nicht unbedingt einleuchten. Allgemein gilt: ein Beweis ist eine Erkenntnisquelle, die die Wahrheit oder Unwahrheit einer Behauptung belegt.

In der Logik etwa gilt als Beweis eine Reihe von logischen Schlussfolgerungen, die die Wahrheit eines Satzes auf etwas zurückführen soll, das bereits als wahr anerkannt wurde. Die Mathematik verlangt als Beweis eine fehlerfrei anerkannte Herleitung der Richtigkeit bzw. der Unrichtigkeit einer Aussage aus einer Menge von Axiomen, die als wahr vorausgesetzt werden.

Du merkst schon: Auf der Straße der Rationalität allein lassen sich Glaubensaussagen hinsichtlich ihrer Wahrheit nicht bewahrheiten und nicht widerlegen. Das Problem ist ähnlich gelagert, wenn ich dich frage, ob du einen Beweis vorlegen kannst, dass du deine Frau liebst – und sie dich liebt.

Ich fürchte, ich werde keinen derart objektiven Beweis für einen Außenstehenden erbringen können, der nicht irgendwie angezweifelt werden könnte.

Dennoch ist für euch beide eure gegenseitige Liebe eine Tatsache, die nicht in Zweifel steht, die ihr aber auch nicht mit noch so viel Kopfarbeit rational „begründen" könntet. Wirkliche Liebe hat tiefere Gründe als der Verstand ausloten kann. Sie „begründet" sich aus sich selbst. Wenn man dafür einen absichernden Beweis verlangen wollte, wäre das nur ein deutliches Zeichen für die eigene Unkenntnis und Unreife.

Ich möchte aber nun zurückkommen zu meiner Frage, was heute noch dafürspricht, an Gott zu glauben.

Lass mich dazu an dieser Stelle vorab nochmals eine negative Abgrenzung vornehmen, die unsere bisherigen Überlegungen ansatzweise bilanziert:

Gott ist kein übersinnliches, quasi außerirdisches oberstes Wesen, das irgendwo im Kosmos haust und von dort aus alles irdische Geschehen überblickt und kontrolliert. Gott ist auch nicht der ursprüngliche Weltbaumeister, der zu Beginn das Uhrwerk dieser Welt in Gang gesetzt hat, die Welt aber dann ihren eigenen natürlichen Gesetzen überlassen hat.

Gott ist grundsätzlich kein Teil, kein Zustand und keine Eigenschaft unseres physikalischen Universums. Gott gehört nicht in das erforschbare Gewebe unserer

Wirklichkeit, die wir mit Sinnen und Verstand begreifen können.

Was für eine zeitgemäße und verantwortliche Gottesrede noch bleibt, könnte man vielleicht vorsichtig als existenzielle Tastversuche, sozusagen als ein kritisch-hinweisendes Denken umschreiben.

Die Zeiten einer allzu vollmundigen Sprache in Kirche und Theologie, die den Eindruck erweckte, über das Wesen Gottes ziemlich genau Bescheid zu wissen, gehören endgültig der Vergangenheit an.

Beginnen wir erneut mit der Frage: Wofür steht das Wort „Gott"?

Nach Gott zu fragen und zu suchen, nimmt seinen Anfang stets bei den widersprüchlichen Realitäten unseres Daseins. Wir erleben, neben allen punktuellen Glücksmomenten, auch eine zerrissene, ungerechte und widersinnige Seite des Lebens.

Wir suchen nach einem festen Halt, nach Sinn und Beständigkeit. Kurz: Wir suchen nach etwas Absolutem, dass uns hilft, in der schmerzlichen Begrenztheit und Unvollkommenheit des Lebens bestehen zu können.

Die Welt ist nicht in Ordnung, wir selbst sind nicht in Ordnung. Dieses Urteil können wir aber nur treffen, weil wir als Menschen ein ganz merkwürdiges Teilstück dieser Welt sind.

Wir sind, soweit wir wissen, aufgrund unseres Bewusstseins die einzigen Lebewesen, die über den Moment und den Tellerrand hinausdenken können, nach einem Sinn des Daseins und einem tragenden Ur-Grund „hinter" diesem gigantischen, aber unseren Wünschen und unserem Leiden gegenüber teilnahmslos „kalten" Universum.

Nicht nur physische Bedürfnisse prägen unser Leben, wir haben auch sogenannte „metaphysische", existenzielle Bedürfnisse, die tiefer reichen:

Die Suche nach dem Woher der Welt und des Menschen, nach den Gründen der Moral, nach Gerechtigkeit und Sinn. Diese Suche hat Menschen zu allen Zeiten umgetrieben. Weil die Welt ebenso ist, wie sie ist, fördert sie in uns zugleich die Hoffnung nach einem anderen Leben, nach einer Fortdauer der Verstorbenen sowie einer universalen Gerechtigkeit.

Gut, das wird vermutlich niemand ernsthaft bestreiten. Trotzdem höre ich schon die Gegenstimmen: Die Welt ist nun mal so; deshalb sind das alles Wunschträume, realitätsfremde Illusionen, Einbildungen, mit denen wir uns nur etwas vormachen.

Das ist ein beliebter Einwand, nicht nur bezüglich solcher Hoffnungen, sondern auch gegen den Gottesglauben selbst. Wer so argumentiert, greift aber meines Erachtens zu kurz.

Wer also sagt: „So zu denken ähnelt einem Verdurstenden in der Wüste, aber der Durst schafft dir keinen Brunnen herbei. Deine Sehnsucht nach Wasser bleibt eine trostlose Projektion! So ist es auch mit deinem Glauben an Gott!", der unterliegt dennoch einem gedanklichen Trugschluss. Mein aktueller Durst ist natürlich keine Garantie dafür, dass sich irgendwo in der Nähe etwas Trinkbares befindet.

Doch das Phänomen Durst verweist eindeutig darauf, dass es etwas geben muss, das den Durst stillen kann. Ansonsten wären im Laufe der Evolution niemals Lebewesen entstanden, die Durst empfinden können. -

Unsere Sehnsucht muss also nicht zwangsläufig ins Leere laufen. An Gott zu glauben kann also einen vernünftigen Grund haben!

Ein anderer Ansatzpunkt: Viele Menschen erwarten heute von der (Natur-)Wissenschaft eine umfassende Erklärung aller Rätsel dieser Welt. Wie wir schon gesehen haben, kann insbesondere die Naturwissenschaft aufgrund ihrer inhaltlichen und methodischen Begrenztheit diesen Anspruch überhaupt nicht erfüllen.

Aus der Naturwissenschaft in naiver Weise eine totale Weltanschauung zu machen zeugt nicht nur von Ignoranz, es unterliegt einem fundamentalen Missverständnis.

Wenn ich zum Beispiel alle verfügbaren biologischen Informationen über dich besäße, deinen gesamten genetischen Code kennen würde, so wäre es dennoch vermessen zu behaupten, ich wüsste nun, wer du bist. – Das Ganze ist immer mehr als die Summe seiner Teile! Das gilt für jeden einzelnen Menschen, ebenso für den gesamten Kosmos.

Gegen einen allumfassenden Deutungsanspruch der Naturwissenschaft richten sich zudem eine Reihe von Fragestellungen im Rahmen ihres eigenen Arbeitsfeldes, auf die die Forscher bis heute keine gültige Antwort geben können. Ich kann hier nur ein paar davon benennen:

- Wie konnte im Laufe der Evolution aus „toter" plötzlich „lebende" Materie entstehen?

- Was ist und wie entstand Bewusstsein?

- Wieso gibt es überhaupt Naturgesetze?

- Wie kam es dazu, dass die sogenannten Naturkonstanten derart fein aufeinander abgestimmt sind, dass sie die Entstehung von Leben möglich gemacht haben? Denn kleinste Abweichungen, etwa bei der Schwerkraft oder den Bindungskräften der Atomteilchen, hätten zur Folge gehabt, dass niemals Leben entstanden wäre. Viele extrem unwahrscheinliche Vorgänge mussten sich zusammenfügen, damit es uns

gibt – und wir uns nun darüber Gedanken machen können!

Es gibt also durchaus vertretbare Gründe anzunehmen, dass es mit einer rein materialistischen Deutung der Welt noch nicht getan ist. – Das sind, ich will es nochmals betonen, keine „zwingenden" Beweise für Gott. Niemand muss das so sehen.

Wer lieber bei seiner materialistischen Interpretation bleiben möchte, muss sich jedoch mit einigen offenen Fragezeichen begnügen, die wissenschaftlich nicht zu beseitigen sind. – Der Faktor „Gott" sollte also nicht so schnell vom Tisch gefegt werden.

Das theologisch größere Gewicht kommt aber einem Weg zu, der mit Erfahrungen zu tun hat. Früher hat man Gott weithin im Modus der Erklärung verstanden, als ultimative Antwort auf alle Fragen, für die es keine andere natürliche oder vernünftige Lösung gab. Das hat eine gewisse Berechtigung, reicht aber bei weitem nicht aus, um dem Thema Gott gerecht zu werden.

Wie wir schon im Blick auf die Gottesrede im Alten Testament gesehen haben, beim Gottesnamen JHWH sowie dem Bilderverbot, wird dort schon sehr reflektiert hervorgehoben, dass Gott nicht rational greifbar und begreifbar ist, er sich einer verstandesmäßigen Definition und Erklärbarkeit grundsätzlich entzieht.

Zugleich wird aber auch in der Bibel wiederholt davon erzählt, dass Gott dem Menschen unvergleichlich nahe ist und aus Liebe eine Beziehung zu ihm sucht. Damit ist die Möglichkeit von Gotteserfahrungen ausgedrückt. Wir aber kann man Gott, den unergründlichen Ur-Grund erfahren? Welche Art von Erfahrungen sollen das sein?

Kurz gesagt, und ich ringe dabei um passende Worte:

Es sind Grenz- oder Tiefenerfahrungen, die sich von unseren anderen Erfahrungen dadurch unterscheiden, dass sich die Wahrheit des Erfahrenen allein aus der Erfahrung selber ergibt.

Es geht – und davon sprechen die großen Mystiker in allen Religionen – um Erfahrungen einer absoluten Wirklichkeit, die das normale Alltagsbewusstsein übersteigen – und für deren Beschreibung die verfügbare Sprache sich als ungeeignet erweist. Das kann mit Freude, Trauer, Angst, Hoffnung, Liebe oder auch dem Anspruch des Gewissens zu tun haben.

Natürlich sind derartige Ausnahme-Erfahrungen sehr persönlich, also subjektiv und lassen sich daher niemals „objektiv" analysieren und kommunizieren.

Wenn jedoch viele Menschen (in allen Religionen, Zeiten und Kulturen) über entsprechende Tiefen- erfahrungen zu berichten wissen, dann wird das zu einem starken Indiz für die Wahrnehmbarkeit einer anderen Dimension der Wirklichkeit, jenseits der materiellen Realität. Eine abenteuerliche Reise nach innen.

Die Bibel enthält zahlreiche Geschichten solcher Gottesbegegnungen, die ein konkretes Menschenleben erschüttern und umkrempeln, weil in unvergleichlicher Weise tiefe Einsichten gewonnen wurden, nach denen man nicht mehr so weiterleben kann wie zuvor.

Da es stets um Inhalte geht, die sich dieser Mensch nicht selber ausgedacht hat (und haben kann), spricht man in solchen Fällen von „Offenbarung". Gott „zeigt sich", wenn auf menschlicher Seite ein entsprechend bereitwilliges Hören, eine geschärfte Sensibilität für das „Andere" vorhanden ist.

Gott ist nie weit weg. Das meint auch eine schöne Metapher der islamischen Tradition, in der es heißt: Gott ist dir näher als deine Halsschlagader.

So, nun habe ich aber leider wieder viel zu lange geredet, bin über andere wichtige Aspekte des Themas ungeniert hinweggesprungen, habe jedoch das eigentliche Kernstück einer christlichen Gottesrede noch gar nicht erwähnt.

Und das wäre?

Wenn Christen von Gott sprechen, dann geht das nur über eine ganz bestimmte Brücke, und das ist der Mann aus Nazareth. Wir müssen also beim nächsten Mal über Jesus sprechen...

Auszug aus: R. Jungnitsch: Ach, so ist das gemeint!, Norderstedt 2020, 78-103

**Reiner Jungnitsch:
Wie soll das einer
glauben?
Die Geschichten der
Bibel besser
verstehen.**

**BoD Norderstedt
Paperback
160 Seiten
ISBN-13:
9783746080949
6,99 €**

Die Bibel ist heute insbesondere für junge Menschen ein fremdes und unverständliches Buch. Es bedarf immer wieder neuer Hin-Wege zum angemessenen Verstehen. Genau das wird hier für Jugendliche versucht.

Reiner Jungnitsch:
Glauben sie das
wirklich?

In Briefen mit
Jugendlichen das
Leben und den
Glauben erkunden.
BoD Norderstedt
Paperback
112 Seiten
ISBN-13:
9783746094038
5,90 €

Viele Heranwachsende verfügen heute kaum mehr über ein grundlegendes Wissen in Sachen Glaube, Religion und Christentum.

Das Anliegen der christlichen Religion verständlich darzustellen, verlangt heute andere Worte und Wege als früher. Dieses Buch greift zentrale Themen des Glaubens auf und versucht, deren Kern lebensnah zu entfalten.

**Reiner Jungnitsch:
Ach, so ist das
gemeint.
Gespräche über
Religion, Glaube,
Christentum.
BoD Norderstedt,
Paperback
212 Seiten**

**ISBN-13:
9783752648690
9,90 €**

Könnten Sie auf Anhieb erklären, was Religion eigentlich bedeutet, was es mit dem Glauben auf sich hat? Wissen Sie, warum die Bibel der modernen Wissenschaft gar nicht widerspricht, was man von Gott niemals sagen sollte? Haben Sie verstanden, worum es Jesus in seinen Gleichnissen wirklich ging, was uns die Zehn Gebote heute noch zu sagen haben? - Diese und andere Fragen beschäftigten auch einen Vater, der seinem fragenden Sohn auch in Sachen Religion eine sachliche Auskunft geben möchte. Da er sich ziemlich unsicher fühlt, holt er sich Rat bei seinem früheren Religionslehrer…

Reiner Jungnitsch:
Wie ich meiner
Enkelin die Religion
erkläre.
BoD Norderstedt
Hardcover
96 Seiten

ISBN-13:
9783753406800
14,90 €

Eine 17-Jährige stellt mit Bedauern fest, dass sie in der Diskussion mit Gleichaltrigen beim Thema Religion und Glaube erhebliche Wissenslücken eingestehen muss. Sie möchte aber in dieser Sache gerne mehr wissen und verstehen. Googeln oder schnell im Lexikon nachschlagen? Aber da kann man nicht nachfragen. Das schafft also nicht wirklich den Durchblick. Eine bessere Gelegenheit zur Klärung scheint das Gespräch mit dem Großvater zu sein, denn der hat sich intensiv damit beschäftigt.

Reiner Jungnitsch:
Für den Anfang.
Kleine Starthilfen für
den (kath.)
Religionsunterricht in
der Sekundarstufe II
BoD Norderstedt
Paperback
184 Seiten

ISBN-13:
9783749486519
9,90 €

Viele frischgebackene Religionslehrkräfte machen schon im Referendariat die Erfahrung, dass der Übergang von der akademischen Theorie in die unterrichtliche Praxis nicht so glatt und problemlos verläuft wie vorher erhofft. All das Gelernte will nicht so recht zu den realen Anforderungen in der Schule passen. - Dem Bedürfnis der Berufseinsteiger nach kurzen fachlichen und didaktischen Anleitungen will diese kleine Handreichung entgegenkommen. Im Zentrum steht eine Auswahl von zwanzig Themen-Stichworten, die mehr oder weniger direkt so im Unterricht vorkommen können. Bei jedem Stichwort wird zunächst nach dem sachlichen Gehalt gefragt, gefolgt von einer kurzen Beschreibung der unterrichtlichen Umsetzung. Im Anhang finden sich noch zahlreiche grafische Ergänzungen, die einen zusätzlichen Nutzen darstellen sollen zum Verständnis in der Sache und bei der Entwicklung eigener Unterrichtsideen.

**Reiner Jungnitsch:
Sie wollen also
Religion
unterrichten?! Kleine
Orientierung für
Berufseinsteiger.
BoD Norderstedt
Paperback
116 Seiten**

**ISBN-13:
9783746031682**
6,90 €

Religion unterrichten, wie geht das? Wie kann man mit jungen Leuten über Glaubensinhalte ins Gespräch kommen, obwohl die meisten von ihnen kaum noch Kontakt zur Kirche haben?

Dieses kleine Buch will denen, die sich auf die Schulpraxis vorbereiten oder bereits die ersten Schritte als ReligionslehrerIn machen, ein wenig Orientierung und Ermutigung bieten.

Reiner Jungnitsch:
Hinwege zum
Glauben.
Impulse für den
Religionsunterricht in
der Sekundarstufe II
BoD Norderstedt
Ringbuch DIN-A-4
136 Seiten

ISBN-13: 9783748149149
18,90 €

Selbst bei den vermeintlich christlichen Schülern kann schon lange keine nachhaltige religiöse Sozialisation mehr vorausgesetzt werden. Drastisch ausgedrückt: Ein religiöser Analphabetismus bestimmt weithin die Szene. Das bleibt nicht ohne Folgen für das Selbstverständnis und vor allem für die unterrichtliche Gestaltung des Faches. Wie lässt sich in diesem Kontext angemessen über die Themen der Religion reden?

Die nachfolgenden Unterrichtsskizzen behandeln sechs klassische Themenbereiche des Religionsunterrichts, die aber oft nicht so einfach zum Thema zu machen sind, weil diese Inhalte in den Köpfen der jungen Leute auf vielerlei Vorurteile, Klischees und Missverständnisse treffen. Da gilt es, kleine Umwege zu nehmen, um zum Ziel zu gelangen.

**Reiner Jungnitsch:
Menschsein in
Verantwortung.**
Impulse für den
Religionsunterricht in
der Sekundarstufe II
BoD Norderstedt
Ringbuch DIN-A-4
112 Seiten

ISBN-13:
9783752861143
16,90 €

Im Religionsunterricht ist es in vielen Fällen einfacher, im Gespräch über ethische Fragestellungen einen Weg zu einer religiösen Perspektive zu finden. Das ermöglicht eine bessere inhaltliche Einbettung religiöser (d. h. biblischer als auch kirchlicher) Sichtweisen und Standpunkte zu ethischen Themen. Daher liegt hier der Fokus auf der Auslotung verantwortlichen Handelns, wobei die einzelnen Erkundungen stets in den Horizont christlicher Ethik münden. Ausgehend von der Frage nach dem Menschen als dem herausgeforderten Subjekt verantwortlichen Handelns gilt es auszuleuchten, was ethische Reflexion meint, wie der zentrale Begriff Gewissen zu verstehen ist, welchen Stellenwert der Dekalog und das Neue Testament in Sachen Ethik heute noch haben können. An drei Beispielen soll dann die Konkretion deutlich werden: Abtreibung, Sterbehilfe und Todesstrafe. Diese Themen werden unter den Heranwachsenden gerne diskutiert.

Marc Fachinger:
Im Steinbruch des
Herrn. Bekenntnisse
aus der Berufsschule.
BoD Norderstedt
Paperback
148 Seiten

ISBN-13:
9783744888028
6,90 €

„Eine Konstellation, wie sie ungünstiger nicht sein könnte" hat ein evangelischer Pfarrer seine Unterrichtstätigkeit in einer Berufsschule bezeichnet. Religionslehrer an einer Berufsschule: Alptraum oder Traumjob? Zumindest ein Abenteuer und eine große Herausforderung - in diesen Zeiten.

Die Bekenntnisse von Marc Fachinger erzählen die Brüche im Leben vieler Berufsschüler, ihre Lustlosigkeiten und Hoffnungen, ihre Desillusionierung und Motivationen. Das Dasein als Berufsschulreligionslehrer scheint ein besonderes zu sein. 11 Jahre hat er erlebt. Nach dem Motto von Hanns Dieter Hüsch "Zugucken - zuhören - aufschreiben" hat er letzteres getan. Nebenbei gibt er damit eine kleine Liebeserklärung an die Berufsschule ab.